ars vivendi

Fundort Geschichte Oberbayern

Ausflüge in die Vergangenheit

Herausgegeben von Eva Strauß

Ein ars vivendi Freizeitführer

Autorinnen und Autoren dieser Ausgabe:
Ulrike Ehmann, Andrea Hähnle, Rita Huber-Sperl, Herbert May, Ingrid Reuther, Eva Strauß

Erste Auflage 2003

www.arsvivendi.com

Typografie und Ausstattung: Armin Stingl, Fürth
Umschlagfotografie: Foto-Ammon, Berchtesgaden
Karte: Ingenieurbüro Dieter Ohnmacht, Frittlingen
Lithografie: Reprostudio Harald Schmidt, Nürnberg
Satz: Christine Richert, www.typoholica.de
Druck: Druck + Papier Meyer, Scheinfeld
Printed in Germany

ISBN 3-89716-378-0

Inhalt

Vorwort 9
Übersichtskarte 10

1 *Zuagricht – hergricht – higricht* 12
Das Leben des »Räuber Kneißl«: Von Romantik keine Spur
2 *Romanische Augenweide* 15
Die Basilika auf dem Petersberg
3 *Ein Mord und seine Folgen* 18
Die Zerstörung der wittelsbachischen Stammburg
4 *Eine vergessene Volkskunst* 21
Die Mörtelplastiken des Bartholomäus Ostermair
5 *Eigentlich eine Hopfenhalle* 24
Das Rathaus in Wolnzach
6 *Ins Moor gelockt* 27
Kolonistenhäuser im Freilichtmuseum Donaumoos
7 *Kuriose Kriegstrophäe* 30
Der Schimmel Gustav Adolfs im Ingolstädter Stadtmuseum
8 *»Wellness« auf der Insel* 33
Das frühere Badhaus in Enkering
9 *Vom Waldbad zum Weltbad* 36
Mariabrunn und die »Doktorbäuerin« Amalie Hohenester
10 *Nationalsozialistische Massenhinrichtungsstätte* 40
Der Schießplatz Hebertshausen
11 *Die Frau in der Linde* 43
Edigna zu Puch
12 *Mittelalterliche Machtkämpfe* 46
Ludwig der Bayer: Kaiser und Ketzer
13 *Industriegebiet der Antike* 49
Der römische Ziegelbrennofen in Germering
14 *Bayerns berühmtester Schwarzbau* 52
Die Ost-West-Friedenskirche in München
15 *»Ein Lieblingsplatz der intelligenten Bevölkerung«* 55
Münchens erster zoologischer Garten und das Benedikttürmchen

16 *»Heimatlos und zigarettenlos in Planegg«* 58
Der unbekannte Karl Valentin
17 *»Zier und Schmuck des Lands«* 61
Das Bayertor in Landsberg
18 *Schafzüchters Grabstein* 64
Römische Spuren in Epfach
19 *Salbe und Samen, Hostie und Hagelschlag* 67
Altbayerns größter Hexenprozess in Schongau
20 *Die gläsernen Ringe* 70
Das Brunnenhaus in Wessobrunn
21 *Paradiesische Zustände* 73
Das Künstlerhaus Gasteiger in Holzhausen
22 *Grabräuber am Ammersee* 76
Der Archäologische Park in Herrsching
23 *Der »Todesmarsch«* 79
Spuren eines Leidensweges zwischen Dachau
und Waakirchen
24 *Stehen in Gottes Gnad* 82
Die Preysingsäule in München
25 *Heidnische Göttinnen oder Heilige?* 85
Die Drei Jungfrauen in Leutstetten
26 *Ein ewiges Rätsel* 88
Das Gedenkkreuz für König Ludwig II.
im Starnberger See
27 *Königliche Träume* 91
Die Glassäule auf der Roseninsel
28 *Die Wut der Bauern* 94
Die selige Herluca in Bernried
29 *Von Schottland ins Alpenvorland* 97
Die Glocke im Ramsachkircherl bei Murnau
30 *Malerische Aussichten* 100
Das Grab Gabriele Münters in Murnau
31 *Schlafhaube aus Otterfell* 103
Vom »kalten Leben« auf der Burg Werdenfels
32 *Marterl für die Triftopfer* 107
Gefährliche Transporte auf der Partnach
33 *Baumaterial für die Residenzstadt* 110
Der Kalkofen in Lenggries
34 *Außer Betrieb* 113
Der Hufbeschlagstand in Bad Tölz

35 *»Lieber bayerisch sterben ...«* 116
Der Löwe von Waakirchen
36 *Wohltätige Quellen* 119
Der Brunnen in der St. Quirinskapelle
37 *»Es war ein Schütz in seinen schönsten Jahren ...«* 122
Der Wildschütz Jennerwein aus Schliersee
38 *Bemooste Burgenromantik* 125
Die Ruine Hohenwaldeck über dem Schliersee
39 *»Gründerin dieses Ortes«* 128
Gräfin Haziga in Geitau
40 *Die Wiege großer Baumeister* 131
Der Gugghof in St. Margarethen
41 *Vom Regen in die T(r)aufe* 134
Archäologische Fundstücke bei St. Peter
am Kleinen Madron
42 *Der Müllner-Peter von Sachrang* 137
Lebensspuren eines vielseitigen Bergbauern
aus dem Chiemgau
43 *Ungesühnte Lynchjustiz* 140
Das blutige Ende der Räterepublik in Kolbermoor
44 *Ein Gemeinschaftswerk bayerischer Frauen* 144
Das Theresien-Monument in Bad Aibling
45 *Todes- und Himmelsleiter* 147
Die Marterkapelle des Bischofs Emmeram
in Kleinhelfendorf
46 *Eine außergewöhnliche Wallfahrt* 150
Über das Steinerne Meer nach St. Bartholomä
am Königssee
47 *Feldbahn ins Moor* 153
Der Torfbahnhof in Rottau
48 *Pipeline für das »weiße Gold«* 156
Die Soleleitung von Reichenhall nach Traunstein
49 *Aus dem Dornröschenschlaf erwacht* 159
Schloss Pertenstein an der Traun
50 *Wo der »wilde Heinz von Stein« hauste* 162
Die Höhlenburg Stein an der Traun
51 *Vor den Mauern des antiken Jerusalem stehen ...* 165
Das Panorama »Kreuzigung Christi« in Altötting
52 *Ein »Weltläufig-Machungs-Institut«* 168
Die »Kretinenheilanstalt« Ecksberg

53 *Ein ungewöhnliches Kriegsdenkmal* 171
Erinnerung an die Schlacht von Hohenlinden 1800
54 *»Pyramiden« in Bayern* 174
Eine napoleonische Maßarbeit in Aufkirchen
55 *Einst Schatzkammer der Bauern* 177
Der Niederneuchinger Getreidekasten im Bauernhausmuseum Erding
56 *Maria Pettenbeck statt Maria Stuart* 180
Wer waren die Grafen von Wartenberg?

Informationen zu öffentlichen Verkehrsmitteln 183
Die Autorinnen und Autoren 186
Bildnachweis 187
Register 188

Vorwort

Oberbayern – das sind Berge, Seen, Kirchen und Schlösser! So will es jedenfalls das Klischee. Oberbayern ist aber noch ein bisschen mehr. Nicht (nur) die berühmten Sakral- und Schlossbauten, die jeder Kunstführer behandelt, sind Thema von *Fundort Geschichte*, sondern die verborgenen, weniger auffälligen Bauwerke und Denkmäler – das auf den ersten Blick untypische Oberbayern. Manches ist (kaum) über die lokalen Grenzen hinaus bekannt geworden, manches ist so vertraut, dass sich niemand mehr Gedanken über seine Entstehung macht. Die Beiträge erzählen die Geschichten, die hinter den Fundorten verborgen sind, und wollen zur eigenen Spurensuche anregen.

Für das Buch musste natürlich eine Auswahl getroffen werden. Exemplarisch werden Reste aus dem reichhaltigen archäologischen Erbe vorgestellt; mittelalterliche Burgen und Ruinen erzählen von einem unbequemen, wenig romantischen Leben. Wie der Alltag früher aussah, welche heute oft verschwundenen Berufe es gab, zeigen sozialgeschichtliche Zeugnisse. Von ganz verschiedenen Menschen wird erzählt, von großen und kleinen Helden, von berühmten Künstlerinnen und Künstlern ebenso wie von berüchtigten Gestalten. Geschichte hat(te) immer Schattenseiten: Hexenverfolgungen oder die Gräueltaten der Nationalsozialisten können uns Mahnung und Warnung vor den Abgründen menschlichen Handelns sein.

Oberbayern ganz ohne Kirchen – unvorstellbar! Wallfahrten, Wunder und Martyrien sind überall präsent. Manches mag aufgeklärten Zeitgenossen seltsam erscheinen. Und manche Erinnerungsstücke streifen tatsächlich die Grenze zum Kuriosen, wie etwa das Pferd von Gustav Adolf oder der Schwarzbau von Väterchen Timofej. Ob originell, spannend oder aufschlussreich – *Fundort Geschichte* lädt Sie ein zu abwechslungsreichen Ausflügen in die Vergangenheit.

Eva Strauß

1 Das Leben des »Räuber Kneißl«: Von Romantik keine Spur
2 Die Basilika auf dem Petersberg
3 Die Zerstörung der wittelsbachischen Stammburg
4 Die Mörtelplastiken des Bartholomäus Ostermair
5 Das Rathaus in Wolnzach
6 Kolonistenhäuser im Freilichtmuseum Donaumoos
7 Der Schimmel Gustav Adolfs im Ingolstädter Stadtmuseum
8 Das frühere Badhaus in Enkering
9 Mariabrunn und die »Doktorbäuerin« Amalie Hohenester
10 Der Schießplatz Hebertshausen
11 Edigna zu Puch
12 Ludwig der Bayer: Kaiser und Ketzer
13 Der römische Ziegelbrennofen in Germering
14 Die Ost-West-Friedenskirche in München
15 Münchens erster zoologischer Garten und das Benedikttürmchen
16 Der unbekannte Karl Valentin

17 Das Bayertor in Landsberg
18 Römische Spuren in Epfach
19 Altbayerns größter Hexenprozess in Schongau
20 Das Brunnenhaus in Wessobrunn
21 Das Künstlerhaus Gasteiger in Holzhausen
22 Der Archäologische Park in Herrsching
23 Spuren eines Leidensweges zwischen Dachau und Waakirchen
24 Die Preysingsäule in München
25 Die Drei Jungfrauen in Leutstetten
26 Das Gedenkkreuz für König Ludwig II. im Starnberger See
27 Die Glassäule auf der Roseninsel
28 Die selige Herluca in Bernried
29 Die Glocke im Ramsachkircherl bei Murnau
30 Das Grab Gabriele Münters in Murnau
31 Vom »kalten Leben« auf der Burg Werdenfels
32 Gefährliche Transporte auf der Partnach
33 Der Kalkofen in Lenggries
34 Der Hufbeschlagstand in Bad Tölz
35 Der Löwe von Waakirchen
36 Der Brunnen in der St. Quirinskapelle
37 Der Wildschütz Jennerwein aus Schliersee
38 Die Ruine Hohenwaldeck über dem Schliersee
39 Gräfin Haziga in Geitau
40 Der Gugghof in St. Margarethen
41 Archäologische Fundstücke bei St. Peter am Kleinen Madron
42 Lebensspuren eines vielseitigen Bergbauern aus dem Chiemgau
43 Das blutige Ende der Räterepublik in Kolbermoor
44 Das Theresien-Monument in Bad Aibling
45 Die Marterkapelle des Bischofs Emmeram in Kleinhelfendorf
46 Über das Steinerne Meer nach St. Bartholomä am Königssee
47 Der Torfbahnhof in Rottau
48 Die Soleleitung von Reichenhall nach Traunstein
49 Schloss Pertenstein an der Traun
50 Die Höhlenburg Stein an der Traun
51 Das Panorama »Kreuzigung Christi« in Altötting
52 Die »Kretinenheilanstalt« Ecksberg
53 Erinnerung an die Schlacht von Hohenlinden 1800
54 Eine napoleonische Maßarbeit in Aufkirchen
55 Der Niederneuchinger Getreidekasten im Bauernhausmuseum Erding
56 Wer waren die Grafen von Wartenberg?

1 Zuagricht – hergricht – higricht
Das Leben des »Räuber Kneißl«: Von Romantik keine Spur

Viel ist über ihn geschrieben worden, sein Leben war Thema für Bühne und Film. Im »Kneißl-Lied« wird er besungen und das »Räuber Kneißl Bier« der Brauerei Maisach schmeckt wahrscheinlich besonders gut. Um das Leben des Mathias Kneißl, das so unromantisch war – und doch so romantisiert wurde –, ranken sich viele Legenden.

Als Mathias Kneißl am 12. Mai 1875 in Unterweikertshofen geboren wurde, war die Familie bereits in Verruf geraten. Sein aus Venetien eingewanderter Großvater Alois Pascolini war zwar ein ehrenwerter Mann gewesen, der in Unterweikertshofen geheiratet und es zu einem Krämerladen gebracht hatte. Sein ältester Sohn Johann Pascolini jedoch wurde ein berüchtigter Räuber und brachte die Familie nachhaltig in Verruf. Drei Jahre vor der Geburt seines Neffen Mathias Kneißl starb Johann an einer Schussverletzung.

Alois' Tochter Therese Pascolini hatte 1868 den Mesnersohn Kneißl aus Randelsried geheiratet und betrieb mit ihm eine Gastwirtschaft in Unterweikertshofen: das Gasthaus Zum Kneißl, den so genannten Oberwirt. Den Pascolinis traute man mittlerweile nicht mehr so recht und als sich in dem Gasthaus immer öfter zwielichtige Gestalten einstellten, tranken die Unterweikertshofener ihr Bier lieber beim »Unterwirt«.

1886 erwarben die Kneißls die einsam gelegene Schachermühle bei Sulzemoos, die bald in den Ruf geriet, ein Zufluchtsort für Wilderer zu sein. 1887 wurden Kneißl senior sowie seine zwölf bzw. zehn Jahre alten Söhne Mathias und Alois (geboren am 26. Juni 1877) wegen Wilderei angeklagt, der Vater musste für drei Monate ins Gefängnis, die Söhne kamen aufgrund ihrer Jugend straffrei davon.

Das Jahr 1892 war – pathetisch ausgedrückt – das Schicksalsjahr der Kneißls. Mathias saß immer wieder, insgesamt 42 Tage, in Haft: u.a. wegen Fehlens in der Sonntagsschule und wegen Jagdvergehens. Nach einem Kirchenraub wurden die Eltern verhaftet. Die Mutter musste trotz ihrer fünf Kinder eine sechsmonatige Haft in Augsburg absitzen, der Vater starb auf ungeklärte Weise im Gefängnis Dachau. Alois kompensierte seine kleine

Das »Pascolini-Haus« in der Sonnenstraße gegenüber dem ehemaligen »Unterwirt«, heute Gasthaus Fischer

Gestalt und geringe Intelligenz durch ein hohes Maß an krimineller Energie. Mit einem Kumpan ging er auf Raubzüge, ab und an von Mathias begleitet. Als am 2. November zwei Gendarmen die Bande festzunehmen versuchten, schoss Alois einem von ihnen in den Unterleib. Mathias Kneißl war dabei gewesen und erhielt fünf Jahre Haft, sein Bruder Alois vierzehn Jahre (er starb vier Jahre später in der Haftanstalt Laufen). Bis zum letzten Tag saß Mathias Kneißl seine Strafe ab, alle Gnadengesuche waren abgelehnt worden. Eine dauerhafte Arbeit konnte er danach nicht finden, einen vorbestraften »Pascolini« wollte keiner haben. Die Weichen für den Weg nach unten waren gestellt.

Im Oktober 1900 verübte er mit seinem Cousin Eduard einen Einbruch und erbeutete Pfandbriefe im Wert von 2.500 Mark. Eduard wurde verhaftet und verriet ihn. Die Jagd auf Mathias Kneißl begann.

Kneißl flüchtete zu einem Bekannten seines Vaters, dem Flecklbauern Michael Rieger. Er fühlte sich sicher, wusste nicht, dass dieser durch einen Knecht die Gendarmen informieren ließ. Als zwei Gendarmen eintrafen, schoss Kneißl, einen verletzte er schwer, den anderen tödlich. Nun begann eine Großfahndung mit Steckbrief, eine Belohnung in Höhe von 1.000 Mark wurde ausgesetzt. Drei Monate führte Kneißl die Gendarmerie an der Nase herum. Die Bevölkerung machte sich lustig über die Behörden,

Witzblattkarikaturen erschienen, u.a. auch in der satirischen Zeitschrift »Simplicissimus«. Erst im März 1901 konnte Kneißl aufgrund eines Verrats gefangen genommen werden.

Am 4. März 1901 umstellten 60 bis 70 Mann das Anwesen der Familie Märkl in Geisenhofen. Am 5. März stürmten sie, wild schießend, das Haus, wobei Kneißl lebensgefährlich verletzt wurde. Die Ärzte der Chirurgischen Klinik in München operierten ihn erfolgreich, er überlebte.

Im November begann der Schwurgerichtsprozess gegen Kneißl. Er endete mit einem (umstrittenen) Todesurteil. Nachdem Prinzregent Luitpold ein Gnadengesuch abgelehnt hatte, vollstreckte der Scharfrichter am Freitag, dem 21. Februar 1902, morgens um sieben Uhr, im Innenhof des Gefängnisses Augsburg, das Todesurteil auf der Guillotine. Mathias Kneißl wurde in Augsburg beerdigt, sein Grab aber Jahre später eingeebnet.

Von wem der derb-bayerische Spruch stammt »zuagricht (in Geisenhofen), hergricht (in München), higricht (in Augsburg)« ist unbekannt.

Ingrid Reuther

Fundort: Das Pascolini-Haus befindet sich in der Sonnenstraße in Unterweikertshofen. Es kann von außen besichtigt werden.

Anfahrt: *Kfz:* Unterweikertshofen liegt zwischen Aichach und Dachau. *ÖPNV:* Bahnhof Erdweg (Bahnlinie Dachau-Altomünster), werktags Busse nach Unterweikertshofen (ca. 5 km).

2 Romanische Augenweide
Die Basilika auf dem Petersberg

Auf einem Bergplateau über der Glonn, von Bäumen umgeben, befindet sich einer der stimmungsvollsten romanischen Kirchenbauten aus dem frühen 12. Jahrhundert. Der schlichte, ausgewogene Baukörper der dreischiffigen Basilika (der Turm wurde erst später erbaut) ist ebenso ansprechend gestaltet wie der harmonische Innenraum mit seinen Wandgemälden. Es hätte aber nicht viel gefehlt und dieses romanische Juwel wäre für immer verloren gegangen. 1864 war die Kirche wegen Baufälligkeit zum Abriss vorgesehen worden. Der Pfarrer der Nachbargemeinde Walkertshofen, Joseph Anton Immler, der 1869 sein Amt antrat, überzeugte die zuständigen Behörden von der kunsthistorischen Bedeutung des »Petersbergkirchleins« und bewirkte schließlich eine grundlegende Renovierung. Zum 800-jährigen Jubiläum der Kirche im Jahr 1906/07 wurde der im Laufe der Jahrhunderte verschiedenen Stilrichtungen angepasste Kirchenraum in seiner ursprünglichen romanischen Gestalt wiederhergestellt.

Der Bau der Kirche geht auf die Ansiedlung von Benediktinermönchen im Jahr 1104 zurück. Zu diesem Zeitpunkt befand sich auf dem später so benannten »Petersberg« die Burg Glaneck der Grafen von Scheyern. Ihr Kloster verlegten die Mönche wegen Wassermangels und »zu großer Ungunst dieses Ortes« 1119 nach Scheyern. Die zwischen 1104 und 1107 entstandene dreischiffige Basilika (24 Meter Länge, 12 Meter Breite) wurde den Heiligen Petrus, Paulus und Martin geweiht (»Peterskirche«). Zehn Pfeiler und zwei Säulen tragen das Mittelschiff; ihre Zahl steht für die zwölf Apostel. Die ursprünglichen, schießschartenartigen Rundbogenfenster, die nur spärliches Licht in den Kirchenraum einfallen lassen, wurden im Zuge der Restaurierung wiederhergestellt. Das Zusammenspiel von Hell und Dunkel sowie die warmen Farben der Freskomalerei stehen im Kontrast zum nackten Stein und erzeugen einen äußerst stimmungsvollen Eindruck. Die byzantinisch anmutenden Fresken in der Apsis ziehen den Blick unweigerlich auf sich. Teile der Wandgemälde waren bei der Restaurierung 1906 entdeckt und freigelegt worden. Die zum Vorschein gekommenen Freskoreste reichten aus, um auf die Gesamtkomposition der Wandbemalung schließen zu können. Prof. Haggenmiller restaurierte und ergänzte die Fresken. Er übernahm

Basilika auf dem Petersberg mit Apsis und Turm

auch die Ausstattung der ursprünglich unbemalten linken und rechten Seitenapsis nach Vorlagen aus Buchillustrationen und andernorts erhaltenen Kirchenfresken.

In der Hauptapsis sind drei Bildreihen übereinander angeordnet. Unten ist Maria als Herrscherin mit Reichsapfel und Jesuskind, umgeben von Engeln, zu sehen. In der Mittelreihe wird die

Kreuzigung des heiligen Petrus und die Enthauptung des heiligen Paulus dargestellt. In der obersten Reihe, die in die Kuppel übergeht, ist der lehrende Jesus in der Mandorla, einem Heiligenschein um die ganze Figur, abgebildet, links von ihm Petrus, rechts von ihm Paulus.

Spuren gotischer und barocker Renovierungen sind bis auf die Kirchenbänke nicht mehr vorhanden. Der Boden wurde auf sein einstiges Niveau abgesenkt. Der steinerne Altartisch ist eine Ergänzung aus dem letzten Jahrhundert. Er unterstreicht den Purismus romanischer Architektur.

Im 20. Jahrhundert blühte auch das geistig-religiöse Leben auf dem Petersberg wieder auf. Der aus der Gegend stammende Weihbischof Johannes Neuhäusler (1888–1973) gelobte während seiner Gefangenschaft im Konzentrationslager Dachau, alles zu tun, um den Petersberg zu einem Ort des lebendigen Glaubens und zu einem Zentrum der Seelsorge im Glonntal zu machen, falls er befreit würde. Er erfüllte sein Versprechen und gründete 1952 die Begegnungs- und Bildungsstätte »Katholische Landvolkshochschule Petersberg«. Seither kommen jährlich viele Gläubige jeglichen Alters an diesen Ort. Den Höhepunkt bilden die Pfingsttreffen der »Katholischen Landjugend Bayern«. Unter Liebhabern romanischer Baukunst gilt die Kirche auf dem Petersberg als Kleinod: Bis zu 300 Besucher kommen jedes Wochenende hierher.

Rita Huber-Sperl

Fundort: Die Basilika auf dem Petersberg ist tägl. von 8.00–20.00 geöffnet. Hl. Messe sonntags um 11.00.

Anfahrt: *Kfz:* Von Dachau Richtung Aichach, kurz vor Erdweg. *ÖPNV:* Bahnhof Erdweg (Bahnlinie Dachau-Altomünster), von dort ca. 15 Min. Fußweg zum Petersberg.

3 Ein Mord und seine Folgen
Die Zerstörung der wittelsbachischen Stammburg

Im 12. Jahrhundert erbauten die Grafen von Scheyern in Oberwittelsbach eine Burg und benannten sich seit 1115 nach ihr. Der Grundstein für das Geschlecht derer »von Wittelsbach« war damit zwar gelegt, es war zunächst jedoch nur eines von mehreren Grafengeschlechtern in Bayern. Dies änderte sich 1180, als sich der Pfalzgraf Otto von Wittelsbach als treuer Gefolgsmann Kaiser Friedrichs I. Barbarossas mehrfach bewährt hatte. Otto I. erhielt dafür als erster Wittelsbacher Rang und Titel des »Herzogs von Bayern«.

Im Jahre 1208 machte ein anderer Otto, Otto VIII., dem Hause Wittelsbach wenig Ehre. Er war der Neffe des ersten Wittelsbacher Herzogs von Bayern und hatte, wie vordem dieser, den Rang eines Pfalzgrafen. Er scheint kein einfacher Charakter gewesen zu sein. Die Quellen bezeichnen ihn als jähzornig. Es heißt, er solle als Richter bereits wegen des Diebstahls von einem Heller das Todesurteil gesprochen haben. Eine weitere Geschichte erzählt, er sei morgens ausgeritten und habe Stricke mitgenommen, um Übeltäter, die ihm möglicherweise begegneten, auf der Stelle aufknüpfen zu können. Ob das den Tatsachen entspricht oder ob es sich um nachträgliche Legenden handelt, ist heute nicht mehr zu klären.

Philipp von Schwaben aus dem Geschlecht der Staufer hatte Otto VIII. eine seiner Töchter zur Braut versprochen. Dann erschien ihm aber eine Heirat mit einem Neffen des Papstes günstiger und er zog sein Eheversprechen zurück. Otto fügte sich und warb daraufhin um die Tochter des schlesischen Herzogs. Als auch aus dieser Heirat nichts wurde, drängte sich ihm der Verdacht auf, dass Philipp sein Vorhaben hintertrieben hatte. Die Stunde seiner Rache kam im Juni 1208.

In diesem Monat gab es in Bamberg eine prächtige Hochzeit: Die Nichte Philipps heiratete Otto VII. von Andechs-Meranien, einen Bruder des Bamberger Bischofs. Philipp hatte ein Gemach im Bischofspalast bezogen. Otto VIII. traf ebenfalls in Bamberg ein. Er machte sich auf zum Bischofspalast. Er hatte sein Schwert, mit dem er »gauklerische Künste« zu vollbringen verstand, dabei. Man ließ ihn ein in dem Glauben, dass er auch jetzt wieder

Reste der 1209 geschleiften Burg des Königsmörders Otto VIII. von Wittelsbach

Philipp mit Spiel und Spaß unterhalten wollte. Als sich die Tür zu Philipps Gemach öffnete, rief Otto: »Spiel gilt es jetzt nicht!«, und stieß seinem Widersacher das Schwert in den Leib.

Zunächst gelang Otto die Flucht. 1209 wurde er in einer Scheune bei Oberndorf zwischen Kelheim und Regensburg entdeckt und sofort hingerichtet. Den Kopf warf man in die Donau, der Leichnam wurde auf freiem Feld verscharrt. Jahre später begrub man seine sterblichen Überreste in Indersdorf.

Der Mord hatte aber auch eine politische Komponente. Zur Tatzeit im Jahre 1208 tobte bereits seit 10 Jahren ein erbitterter Thronstreit zwischen dem Geschlecht der Welfen und dem der Staufer. Wer war rechtmäßig gewählter König? Der Welfe Otto IV. von Braunschweig oder der Staufer Philipp von Schwaben? Beide waren von den Mächtigen des Reiches zum König gewählt worden. Mehrere Schlachten hatten zu keinerlei Ergebnis geführt. 1208 wies alles darauf hin, dass die Anhänger des Welfen müde geworden waren. Der Staufer Philipp genoss die größeren Sympathien. Auch die Wittelsbacher zählten zu den Anhängern des Staufers.

Mit dem Mord an Philipp veränderte sich die machtpolitische Lage im Reich. Im November 1208 wurde nunmehr der Welfe Otto IV. von Braunschweig von allen Fürsten als König anerkannt. Die Tat des Wittelsbachers musste freilich gesühnt werden. Der neue König verhängte über ihn die Reichsacht. Damit fielen seine Reichslehen an den König zurück. Er verlor seinen Besitz, alle Rechte, Würden und Einkünfte. Die Burg in Oberwittelsbach wurde geschleift.

Paradox – aber Nutznießer dieser neuen Situation war wiederum ein Wittelsbacher. Der Cousin des Königsmörders, Herzog Ludwig I. von Bayern, unterstützte den neuen König und suchte dessen Freundschaft. Der König bestätigte die Erblichkeit des bayerischen Herzogtums. Ludwig erhielt die Lehen, die zuvor seinem Cousin Otto VIII. gehört hatten und ihm nach dem Mord genommen worden waren. Außerdem wurden ihm auch die Lehen der Mordkomplizen Ottos zugesprochen.

Damit war die Grundlage der ununterbrochenen Herrschaft der (verschiedenen) Wittelsbacher Linien in Bayern bis 1918 geschaffen.

Eva Strauß

Fundort: Die Reste der Oberwittelsbacher Burg sind frei zugänglich.

Anfahrt: *Kfz:* Oberwittelsbach liegt östlich von Aichach, Zufahrt zum Burgplatz ausgeschildert. *ÖPNV:* Bahnhof Aichach, von dort werktags Busse nach Oberwittelsbach.

4 Eine vergessene Volkskunst

Die Mörtelplastiken des Bartholomäus Ostermair

In Dörfern und kleinen Weilern zwischen München und der Donau sind sie noch zu sehen: die Mörtelbilder an Bauernhäusern, Ställen, Scheunen. Entstanden im letzten Viertel des 19. Jahrhunderts, finden sie heute wenig Beachtung. Gehegt und gepflegt werden sie meist nur von älteren, traditionsbewussten Bauern. Als Beispiel soll das Relief-Mauerbild in Förnbach am Rande von Pfaffenhofen dienen.

Es ist nicht mehr das alte Bauernhaus, das in der Hauptstraße 21 zu sehen ist. Nur der ursprüngliche Stall steht noch, aber man muss schon den Hof betreten, um das Relief neben der Stalltüre zu entdecken: den heiligen Leonhard im Abtornat mit Bischofsstab, flankiert von Hengst und Stute. St. Leonhard wird seit dem 15. Jahrhundert als Viehpatron, vorwiegend für Pferde, verehrt. Der alte Bauer erzählt, dass sein Großvater den Auftrag für das Bild gegeben hat, als Schmuck und Segen für den damaligen Pferdestall. Der »Bartl Ostermair« habe das Mörtelbild gemacht. Wer ist Bartl Ostermair?

Bartholomäus Ostermair, auch Saubartl genannt, wurde am 15. August 1837 geboren, als zehntes von zwölf Kindern. Seine Eltern waren Gütlersleute in Metzenried (Kreis Aichach). Er wurde Maurer, heiratete Afra Huber und kaufte ein Anwesen in Unterweilenbach.

In der Folgezeit kümmerte sich Afra um die kleine Landwirtschaft und die acht Kinder, Bartholomäus entwickelte immer mehr einen Hang zum Basteln und künstlerischen Gestalten. Im Winter schnitzte er Schlittenköpfe, Löffel, Messergriffe und Stöcke. Im Frühjahr zog er mit seinem Maurerwerkzeug »auf Stör« in die nähere und weitere Umgebung. Oft war er monatelang nicht zu Hause, schickte aber heim, was von seinem geringen Verdienst übrig blieb.

Ostermair hatte stets ein kleines Musterbüchlein dabei. Die Auftraggeber konnten sich das Motiv auswählen und eigene Wünsche einbringen. Ostermair war von unglaublicher Vielseitigkeit. Neben St. Leonhard hatte er, um nur einige Beispiele zu nennen, folgende Heilige im Repertoire: Florian als Helfer gegen Feuer, Georg im Kampf mit dem Drachen, Wendelin als

Das Mörtelbild St. Leonhard: Die Jahreszahl wurde nachträglich »korrigiert«.

Schutzpatron der Hirten, Isidor als Schutzheiliger des Bauernstandes, Sebastian als Helfer gegen Seuchen oder die Jungfrau Maria mit Kind. An Wirtshäusern finden sich vierspännige, voll beladene Bierfuhrwerke, an einer Mühle ein von zwei Löwen gehaltenes Mühlrad. Manche Motive kehren häufig wieder, doch sind die einzelnen Reliefs stets individuell gestaltet. An Ostermairs Arbeiten lässt sich auch der soziale Status seiner Auftraggeber ablesen: Besonders aufwendig und detailgetreu sind die Reliefs für Großbauern oder Wirte.

Als Material brauchte er Ziegelsteine oder Holzleisten, Nägel und dünnen Draht. Ungelöschten Kalk rührte er mit Schweißsand und Gips zu einem feinen, leicht modellierbaren und Witterungseinflüssen standhaltenden Mörtel an. Als Fundament für die Reliefs mauerte er Ziegelsteine oder eine Holzleiste in eine in die Wand geschlagene Vertiefung. Um die Figuren zu skizzieren wurden Stifte oder Nägel eingeschlagen und mit Drähten verbunden. Schichtweise trug er den Mörtel auf diese Grundlage auf. Aus Stabilitätsgründen mauerte er oft Ziegelstückchen mit ein. Wenn die Figur in Umrissen fertig war, modellierte er mit Taschenmesser, Stichel oder spitzen Hölzern die Einzelheiten heraus. Nach dem Trocknen wurden die Reliefs bemalt. Leider lassen sich heute die Originalfarben nicht mehr feststellen.

Wie der einfache Maurer dazu kam, ohne jedes Vorbild zwischen 1875 und 1898 Gebäude mit diesen eigenwilligen Plastiken zu verzieren, darüber kann man nur spekulieren. Viel verdient hat er damit jedenfalls nicht. Nicht mehr überprüft werden kann auch die Geschichte, dass er wegen unbefugten Ausübens seiner Kunst einmal bestraft wurde. Kein Aktenstück wurde darüber gefunden. Mit welcher Begründung war er bestraft worden? Besaß er den damals erforderlichen Wandergewerbeschein nicht? Wie auch immer: Seiner Arbeit hat das keinen Abbruch getan – noch zwei Jahre vor seinem Tod hat er Reliefs angefertigt. Bartholomäus Ostermair starb am 3. Mai 1899. Die Wanderschaft bei Wind und Wetter hatten seine Gesundheit angegriffen und zu einem ständigen Husten und zur Wassersucht geführt. Er liegt auf dem Friedhof von Weilach begraben.

Heute stehen die Mörtelbilder unter Denkmalschutz. Für sein eigenes, besonders reich geschmücktes Haus kam dies zu spät: Als sein Sohn 1931 einen Neubau errichtete, wurden die Bildwerke zerstört.

Ingrid Reuther

Fundort: Pferdestall mit dem Relief Ostermairs in der Hauptstraße 21 in Förnbach.

Anfahrt: *Kfz:* B 13 nach Pfaffenhofen a. d. Ilm, Ortsteil Förnbach. *ÖPNV:* Vom Bahnhof Pfaffenhofen mit dem Stadtbus nach Förnbach.

5 Eigentlich eine Hopfenhalle
Das Rathaus in Wolnzach

Historische Rathäuser zählen zu den Sehenswürdigkeiten vieler Ortschaften, in denen Bürgerstolz und kommunaler Reichtum zum Bau architektonischer Glanzlichter geführt haben. Beim Rathaus in Wolnzach will sich dieser Eindruck auch nach längerer Betrachtung nicht so recht einstellen. Mit seinem gestuften Dach erweckt das Gebäude am Marktplatz eher den Anschein einer Lagerhalle, auch wenn der mit Schmuckelementen versehene mittlere Teil dem Gebäude sichtlich Bedeutung verleihen soll. Der Eindruck täuscht nicht: Das »neue Rathaus« ist zwischen 1878 und 1881 tatsächlich in erster Linie als Lagerstätte für Hopfen und Getreide errichtet worden. Nur ein kleiner Teil des Obergeschosses war damals für die Gemeindeverwaltung gedacht.

Die Geschichte des Marktes Wolnzach ist eng mit dem Hopfen verbunden. Wolnzach liegt in der Hallertau, das heute als das größte zusammenhängende Hopfengebiet der Welt gilt. Die Anbaufläche beträgt mittlerweile etwa 19.000 Hektar, das ist doppelt so groß wie der Chiemsee. Im 19. Jahrhundert war Franken noch der führende Hopfenproduzent. Vor allem die südlich und östlich von Nürnberg gelegenen Gebiete um Spalt und Hersbruck zählten in jener Zeit zu den wichtigsten Zentren des bayerischen Hopfenanbaus. Heute sind diese beiden fränkischen Hopfengebiete zu Restgrößen geschrumpft: Dem Hopfenanbau stehen dort keine 1.000 Hektar mehr zur Verfügung.

Kurz vor dem Ersten Weltkrieg hatte die Hallertau den fränkischen Hopfenanbaugebieten den Rang endgültig abgelaufen. Das lag vor allem an den moderneren Anbau- und Verarbeitungsmethoden der Hallertauer. In Franken hielt man noch lange am »Stangenhopfen« fest. Doch Hopfenbau an Stangen ist mühsam und arbeitsintensiv, denn die Stangen müssen jährlich neu gesetzt und dann wieder entfernt werden. In der Hallertau verwendeten die Bauern hingegen schon früh Drahtgerüste für die Hopfenpflanzen, wie sie heute noch gebraucht werden. Erste Drahtgerüstanlagen erprobte man bei Wolnzach bereits um 1830, über 50 Jahre früher als in Franken. Um 1930 wuchsen 98 Prozent der Hallertauer Hopfenpflanzen an Drahtgerüsten, während im Hersbrucker Gebiet immer noch 96 Prozent Stangenhopfen

Wunderbare Verwandlung: Die Hopfenhalle wurde zum Rathaus.

stand. Auch beim Trocknen des Hopfens beschritt man in der Hallertau neue Wege. Die gegen Ende des 19. Jahrhunderts entwickelten Hopfendarren ermöglichten auch bei nassem Wetter eine schnelle Trocknung. Dagegen wurde in Franken der Hopfen in hohen, mit Luken versehenen Dachgeschossen luftgetrocknet.

Bei diesem kometenhaften Aufstieg der Hallertau als Anbaugebiet nimmt es also nicht Wunder, dass in Wolnzach der Hopfen sogar den Rathausbau beeinflusst hat. Der Hopfenhandel hatte in den 1870er Jahren in Wolnzach so zugenommen, dass kein geeignet großes Lagerhaus zur Verfügung stand und die Hopfen-Ballen nicht selten über mehrere Tage bei nasskaltem Wetter im Freien herumlagen. Der notwendige Neubau kostete die für damalige Verhältnisse stolze Summe von 86.000 Mark. Im Erdgeschoss wurden nun die angelieferten Hopfenballen gelagert und mit einem Hopfensiegel versehen. Diese Siegel, die in den fränkischen Hopfenlanden schon im 16. Jahrhundert verliehen wurden, waren ein Gütezeichen für bestimmte Produktionsorte, um Manipulationen vorzubeugen. Wolnzach erhielt 1834 das erste Hopfensiegel in der Hallertau, die von da an in so genannte Siegelbezirke aufgeteilt wurde. In einer entsprechenden Bekanntmachung hieß es, dass nur dieses Siegel und der Waagschein »die Ächtheit der Waare« verbürge. Die Siegelung erfolgte »durch einen magistratischen Comißär innerhalb der gewöhnlichen Kanzleistunden, außerdem nicht«, Überstunden kamen also nicht in Frage für die Stadtbeamten. Das hohe Dachgeschoss mit seinen vielen Öffnungen konnte damals zusätzlich zum Lufttrocknen des Hopfens genutzt werden.

Als Hopfenhalle dient das Rathaus schon lange nicht mehr. Für die stetig wachsende Marktgemeinde war der kleine Verwaltungstrakt im Obergeschoss schon bald zu klein. Die Behörden benötigten schließlich den ganzen Bau. Seit der jüngsten Sanierung in den Jahren 1999 bis 2001 ist der Sitzungssaal dort untergebracht, wo früher der Hopfen getrocknet wurde: im Dachgeschoss.

Herbert May

Fundort: Das Rathaus in Wolnzach liegt am Marktplatz. Es ist Mo, Di, Mi, Fr 8.00–12.00 und Do 8.00–17.00 geöffnet.

Anfahrt: *Kfz:* Wolnzach liegt an der A 93, Ausfahrt Wolnzach. *ÖPNV:* Bahnhof Rohrbach (Ilm), Busse (Fa. Stanglmeier, Mainburg) nach Wolnzach (Haltestelle Markt).

6 Ins Moor gelockt

Kolonistenhäuser im Freilichtmuseum Donaumoos

Südwestlich von Ingolstadt, zwischen Neuburg und Schrobenhausen, erstreckt sich das Donaumoos. Vor über 200 Jahren war es mit etwa 17.000 Hektar noch das größte zusammenhängende Moorgebiet Bayerns. Eine – wie man heute sagen würde – »Expertenkommission« stellte 1790 fest, dass »fast 2/3 des Landes theils noch oede Möser, Brüche, Flüsse, Seen, Brachen und also der Standort nicht von Menschen sondern von Tieren seyen.« Für den von 1777 bis 1799 regierenden bayerische Kurfürsten Karl Theodor war die Kultivierung und Besiedlung des Donaumooses eine Herausforderung, die Vergrößerung landwirtschaftlicher Nutzfläche galt als Garant staatlichen Wohlstandes. Karl Theodor beauftragte den naturkundigen Priester Johann Jakob Lanz mit der Ausarbeitung eines Konzeptes und setzte eine Kommission zu dessen Durchführung ein. 1790 begann man am nordöstlichen Ende des Sumpfgebietes mit der Rodung und dem Anlegen von Entwässerungskanälen. Ein Jahr später standen an der neuen Moosstraße bereits die ersten Häuser für die landesweit angeworbenen Kolonisten, die das neu gewonnene Land bebauen sollten. Die junge Siedlung erhielt zu Ehren des kurfürstlichen Initiators den Namen Karlskron. Die Anreize für die Kolonisten zur Übersiedlung ins Moos waren verlockend. Jeder erhielt seinen Grund als freies Eigentum und war ferner für 30 Jahre von der Steuer befreit. Die Neusiedler mussten auch keinen Militärdienst ableisten, das hätte sie nur von ihrer eigentlichen Aufgabe abgehalten.

Die Siedlungen der Kolonisten wurden entlang der parallel zu den Kanälen verlaufenden Straßen angelegt. Die langen Straßendörfer prägen heute noch die Mooslandschaft. Doch von den ersten Siedlerhäusern gibt es fast keine Spuren mehr. Der teils mehrere Meter tiefe Moorgrund und der hohe Grundwasserspiegel machten den Anwohnern das Leben schwer. Ein auswärtiger Beobachter schrieb 1802, »daß wegen des schwammigen Bodens jeder etwas schwehre Ofen oder Kochherd nach etlichen Jahren in die Erde sinkt und daß wenn eine Viehherde oder auch nur zwei etwas große Pferde durch das Dorf traben, davon die größten wie die kleinsten Häuser geschaukelt werden.« Von

Das Öxlerhaus im Freilichtmuseum Donaumoos

den um 1810 statistisch erfassten 332 Gebäuden waren wegen des instabilen Baugrundes nur etwa 20 Prozent ganz aus Stein errichtet worden, zumal Holz und Lehm als Baustoffe nicht nur leichter, sondern auch preiswerter waren. Erst um die Mitte des 19. Jahrhunderts verbreitete sich der Ziegelbau in der Region. Der lockere Oberboden wurde bis auf die festere, verfilzte Torfschicht abgebaut. Dann legte man eine zweifache Schicht großer Kalkplatten aus, die als feste Grundlage für die darauf aufgemauerten Hauswände dienten. Noch um 1900 fand diese Art der Fundamentierung beim dortigen Hausbau Anwendung. So auch bei dem heute im Freilichtmuseum Donaumoos zu besichtigenden Öxlerhaus aus Kleinhohenried, benannt nach einem ehemaligen Hofbesitzer. Das erst 1998 eröffnete und mit der Umweltbildungsstätte »Haus im Moos« verbundene Freilichtmuseum vermittelt anhand zweier versetzter Moosbauernhöfe und eines Tagelöhnerhauses einen Eindruck vom einstigen Leben der »Mösler«. Das ins Freilichtmuseum übertragene Taglöhnerhaus aus Grillheim verdeutlicht die zunehmende Verarmung der Moosbewohner im Laufe des 19. Jahrhunderts. Die Siedler erhielten zu Beginn jenes Jahrhunderts etwa sechs bis sieben Hektar Grund und Boden, viele Güter wurden durch Erbteilung oder Notverkäufe immer kleiner. Zu dem 1864 erbauten Grillheimer Haus gehörten anfänglich weder Stallungen noch Nebengebäude. Die Katasterunterlagen verzeichnen auch keinen Acker und keine

Weide, ja nicht einmal einen Hausgarten. Das Haus selbst, in dem ein Tagelöhner mit seiner Familie lebte, bestand nur aus drei Räumen: die beheizbare Stube, eine unbeheizte Schlafkammer und eine kleine Küche. Dagegen zählt der um 1900 erbaute Öxlerhof zu den großen Anwesen des Donaumooses. Das lang gestreckte Hofgebäude vereinte als Einfirsthof alle Bereiche bäuerlichen Lebens – Wohnung, Stall und Scheune – unter einem Dach.

Herbert May

Fundort: Freilichtmuseum Donaumoos in Karlshuld, Ortsteil Kleinhohenried, geöffnet: Palmsonntag bis Okt Di–Do 8.00–17.00, Fr 8.00–15.00, Sa, So 13.00–17.00, Tel. 0 84 54/95-2 05, www.haus-im-moos.de

Anfahrt: *Kfz:* A 9, Ausfahrt Manching, B 16 Richtung Neuburg a. d. Donau, links abbiegen nach Karlshuld, weiter nach Kleinhohenried. *ÖPNV:* Vom Hauptbahnhof oder ZOB in Ingolstadt mit Bus 44 nach Kleinhohenried, Haltestelle direkt am Museum (Bus fährt äußerst selten).

7 Kuriose Kriegstrophäe

Der Schimmel Gustav Adolfs im Ingolstädter Stadtmuseum

Von weitem sieht er ganz unscheinbar aus und wirkt etwas verloren hinter den ihn bewachenden grimmigen herzoglich-bayerischen Löwen aus Stein. Dieser zierliche kleine Schimmel soll einen hochgewachsenen und schweren Mann über die Schlachtfelder des Dreißigjährigen Krieges getragen haben? Tritt man näher an ihn heran, erstaunt die vornehme Wölbung des Halses, die stolze Kopfhaltung, der schlanke, harmonische Körperbau des noch jungen Pferdes. Kein Zweifel, dies ist ein Pferd, das eines Königs würdig ist, elegant, mutig, temperamentvoll, wendig und schnell. Aufmerksam blickt es den Betrachter an. Was würde es wohl erzählen, wenn es sprechen könnte?

1630 griff der schwedische König Gustav II. Adolf mit seiner Landung auf Usedom militärisch in den seit zwölf Jahren wütenden großen Glaubenskrieg ein. Im Frühjahr 1632 stieß das schwedische Heer gegen das Kurfürstentum Bayern vor und erkämpfte sich Mitte April in der Schlacht bei Rain den Übergang über den Lech und damit den Zugang nach Bayern. Angesichts der Überlegenheit der Schweden mied Kurfürst Maximilian I. von Bayern, dessen Generalleutnant Graf von Tilly schwer verwundet worden war, die direkte Konfrontation und zog seine Armee östlich der Landesfestung Ingolstadt zusammen, um die Donaulinie zu halten. Gustav Adolf nahm zunächst Augsburg ein, danach wandte er sich Ingolstadt zu. Am Rande der stark befestigten Stadt hatte man erst wenige Wochen zuvor vor der Brücke am Südufer der Donau mit dem Bau einer Befestigungsanlage begonnen, die jedoch noch nicht ganz fertig gestellt war. Ein weiteres Hornwerk wurde einer weiter östlich davon angelegten Schiffsbrücke vorgelagert. Gustav Adolf errichtete das schwedische Lager südlich der Sandrach, das Hauptquartier seiner 32.000 Mann umfassenden Armee befand sich in Oberstimm. Am 29. April begann er die Belagerung Ingolstadts. Die Schweden eröffneten von der Donauebene aus das Feuer auf die Besatzung des Hornwerkes vor der festen Brücke und stürmten am Abend und in der Nacht gegen beide bayerischen Brückenköpfe an – vergeblich. Am nächsten Morgen bestieg Gustav Adolf nach dem Morgengottesdienst seinen Schimmel, um das Gelände vor dem Bollwerk an der

König Gustav Adolf von Schweden war der letzte Reiter dieses Schimmels.

Donaubrücke zu erkunden. Dabei wagte er sich nah an den Fluss heran und zog damit die Aufmerksamkeit der Ingolstädter Verteidiger auf sich. Eine jenseits der Donau, von der Eselsbastei beim Neuen Schloss abgefeuerte Geschützkugel traf das Pferd, so dass es stürzte und seinen Reiter unter sich begrub. Seine Begleiter zogen den blutverschmierten König darunter hervor und gaben dem Schimmel den Gnadenschuss. Gustav Adolf kehrte ins Lager zurück und soll dort scherzend geäußert haben: »Der Apfel ist noch nicht reif.« Am Abend starb während des schwedischen Angriffs Tilly in Ingolstadt. Maximilian folgte dem Rat des Sterbenden und rückte am nächsten Tag mit seinem Hauptheer nach Regensburg ab. In Ingolstadt blieben 7.000 Soldaten zurück; nach Aufgabe der Schiffsbrücke gelang es ihnen, die heftigen Angriffe auf den Brückenkopf links der Donau abzuwehren. In der Nacht vom 2. auf den 3. Mai gingen große Teile des schwedischen Hauptquartiers in Oberstimm in Flammen auf; am 4. Mai brach Gustav Adolf die Belagerung Ingolstadts, die ihn 1.700 Mann gekostet hatte, ab und führte sein Heer weiter nach Kurbayern hinein.

Nach dem eiligen Abzug der Schweden fand die Ingolstädter Besatzung unter den Hinterlassenschaften der Schweden auch den toten Schimmel. Die Siegestrophäe wurde unverzüglich in die Stadt geschleppt. Dort konservierte man die Haut des Pferdes und zog sie über ein Gestell aus Holz und Stroh, um sie der Nachwelt zu erhalten. Der »Schwedenschimmel« wurde zunächst im kurfürstlichen Zeughaus verwahrt, wo ihm Souvenirjäger nach und nach die Mähnenhaare ausgerupft haben sollen. 1920 ging er an das städtische Museum über und seit 1981 ziert er dessen Räume im Kavalier Hepp, einem Festungsbau aus dem 19. Jahrhundert.

Ulrike Ehmann

Fundort: Der »Schwedenschimmel« im Stadtmuseum Ingolstadt, Auf der Schanz 45, Öffnungszeiten Museum: Di–Fr 9.00–17.00, Sa, So 10.00–17.00, Tel. 08 41/ 3 05 18 81, www.ingolstadt.de/stadtmuseum

Anfahrt: *Kfz:* Parken in der Parkgarage am Münster. *ÖPNV:* Buslinien 50, 53, 60, Haltestelle Kreuztor.

8 »Wellness« auf der Insel
Das frühere Badhaus in Enkering

Mitten in der kleinen Ortschaft Enkering steht an der Hauptstraße ein prächtig saniertes, historisches Gebäude. Das steinerne Haus, das heute zu sehen ist, stammt von 1632, doch konnten bei Bauuntersuchungen noch ältere, spätmittelalterliche Bauteile nachgewiesen werden. Das Dach dieses schmucken Hauses ist mit mehreren Lagen von Kalkplatten gedeckt, die lose aufliegen und deshalb einen flach geneigten Dachstuhl erfordern, wie man ihn vor allem aus dem Alpenraum kennt. Die Dachplatten für diese so genannten Jurahäuser wurden in den Steinbrüchen der Region gewonnen. Berühmt geworden sind die Solnhofer Platten, die noch heute als Bodenplatten vor allem in Fluren Verwendung finden. Kalkplattendächer prägten noch bis in die Zeit nach dem Zweiten Weltkrieg die Städte und Dörfer im Altmühlgebiet, doch in der Wirtschaftswunderzeit verschwanden viele Jurahäuser. Um die Bewahrung der letzten Gebäude dieser Baugattung kümmert sich heute der Jurahaus-Verein in Eichstätt, der schon viele historische Altmühlhäuser vor dem Verfall gerettet hat.

Das Haus in Enkering ist nicht nur als Bauwerk beachtenswert. Jahrhundertelang diente es als Badhaus des Ortes, eine erste urkundliche Erwähnung stammt von 1546. Vor 1700 dürfte es in fast jedem größeren Ort in Süddeutschland mindestens ein öffentliches Badehaus gegeben haben. Da das private Badezimmer unbekannt bzw. den Reichen vorbehalten war, bot das öffentliche Badhaus die einzige Gelegenheit zum Wannenbad in Bassins oder Bottichen oder zum Schwitzbad. Nicht selten hatten die Badehäuser ihren Standort an einem Wasserlauf, so auch in Enkering: Bis zum Ausbau der Ortsdurchfahrt lag das Gebäude auf einer kleinen Insel zwischen dem Fluss Anlauter und einem Mühlbach. Die Enkeringer badeten im Erdgeschoss des Hauses, und zwar im nördlichen Teil, in dem Bereich links der Eingangstür. Dort gab es neben einer Heizkammer einen großen und einen kleinen Baderaum, doch hat sich von der Badeeinrichtung leider nichts erhalten. Wegen der hohen Brandgefahr und der erheblichen Wasserdampfbildung beim Baden ist das Enkeringer Badhaus in Bruchstein und nicht in Fachwerk errichtet worden. Aus demselben Grund wurden die Badräume auch meist mit steinernen Gewölben und nicht mit Holzdecken versehen.

In diesem Haus badeten früher die Einwohner Enkerings.

Dem Badebetrieb stand ein Bader vor, der an festgesetzten Wochentagen einheizte und ein umfassendes »Wellnessprogramm« anbot. Denn zum Baden gehörte auch das Haarewaschen, das Kämmen und Haarschneiden und bei Männern das Rasieren (»barbieren«). Selbst medizinische Dienstleistungen wie Blutentziehung (schröpfen, zur Ader lassen) oder wundärztliche Behandlungen bot der Bader an. Nicht selten wurden Badbesucher auch mit Speis und Trank bewirtet oder mit Musik unterhalten. Für die zusätzlichen Dienste des Baders standen wohl Räume im Obergeschoss des Enkeringer Badhauses zur Verfügung, denn im Erdgeschoss waren außer den Baderäumen nur noch die Stube und die Küche der Baderfamilie untergebracht. Anzunehmen ist, dass Baderknechte und -mägde den Bader bei seinen Arbeiten unterstützten.

Neben dem Badebetrieb hatte der Enkeringer Bader noch eine zweite Einnahmequelle: die Landwirtschaft. Er war also Bader und Bauer, darauf verweist die Scheune neben dem Haus, die 1744 erbaut wurde und ebenfalls mit Kalkplatten gedeckt ist. Ein mittlerweile abgebrochener Stall befand sich früher an der Rückseite des Bade- und Wohnhauses.

Ungeklärt ist, wie lange das Gebäude als Badhaus in Gebrauch war. Auch wegen der viel beschriebenen Sittenlosigkeit in den Badhäusern verlor das Baden spätestens im 18. Jahrhundert an Bedeutung. In Enkering wird allerdings noch im frühen 19. Jahrhundert der Haus- und Hofbesitzer Michl Funk als Bader bezeichnet. Mitte der 1990er Jahre erfolgte eine gründliche und unter denkmalpflegerischen Gesichtspunkten behutsame Sanierung des Gebäudes, das heute als Wohnhaus genutzt wird.

Herbert May

Fundort: Das Badhaus, Hauptstraße 24, liegt in der Ortsmitte von Enkering, neben dem Landgasthof Meyer. Es ist nur von außen zu besichtigen.

Anfahrt: *Kfz:* A 9, Ausfahrt Altmühltal, nach Kinding, Ortsteil Enkering. *ÖPNV:* Bahnhof Eichstätt, Bus RBA 9234 fährt selten.

9 Vom Waldbad zum Weltbad

Mariabrunn und die »Doktorbäuerin« Amalie Hohenester

Die meisten Besucher von Mariabrunn kommen heute des großen schattigen Biergartens und der guten Brotzeit wegen. Vor mehr als 100 Jahren war das weitläufige Anwesen Schauplatz einer glanzvollen Geschichte.

Begonnen hatte alles mit der wundersamen Heilung eines Holzfällers, der 1662 vom Durst geplagt aus einer kleinen Quelle trank und daraufhin gesund wurde. Über der Quelle entstand ein Brunnen und weitere »wunderbare Heilungen« ließen nicht lange auf sich warten. Zum Dank erbaute man eine Gnadenkapelle. Auch ein Badhaus entstand für die »fürnehmen als [auch] armen Personen«, die sich in der Folgezeit dorthin zur Kur begaben. Bekannt wurde das Waldbad, als 1808/09 König Max I. Joseph und seine Tochter Ludovica in Mariabrunn Heilung suchten und fanden. Die Krücken Ludovicas stehen noch heute als Beweis in der Kapelle.

Zum »Weltbad« wurde das kleine Kurbad aber erst durch die »Doktorbäuerin« Amalie Hohenester. Wegen ihr kamen Adelige und Reiche aus aller Herren Länder. In Mariabrunn sollen mehr russische, französische und englische Laute zu hören gewesen sein als deutsche. Wer aber war diese Amalie Hohenester?

Am 4. Oktober 1826 wurde Amalie in eine kinderreiche Familie hineingeboren. Die Mutter verstand sich aufs Kräutersammeln und Medizinkochen, Amalie lernte dies schon früh. Es war keine unproblematische Kindheit: Die Mutter war wegen wiederholter Abtreibung am Landgericht Miesbach aktenkundig, ihre Brüder verbüßten mehrjährige Haftstrafen wegen Wilderei und Raub. Mit vierzehn Jahren saß sie selbst erstmals ein – acht Tage Arrest bei Wasser und Brot wegen »lüderlichen Lebenswandels, Diebstahls und Beleidigung der königlichen Gendarmerie«.

Mit 35 Jahren heiratete sie den Rosshändler Benedikt Hohenester. In ihrer Bauernstube kurierte sie kranke Menschen und erhielt prompt wegen »Kurpfuscherey« vier Tage Arrest. Trotzdem übte sie ihre Heilkunst weiter aus. Bei ihren treffsicheren Diagnosen half der »Doktorbäuerin« wohl weniger das Begutachten der Urinproben – das sie geschickt in Szene setzte – als vielmehr Menschenkenntnis, Einfühlungsvermögen und ge-

Porträt von Amalie Hohenester im Vorraum zum Restaurant

schicktes Befragen der Patienten. Gegen jede Krankheit war »ein Kraut gewachsen«, das man bei ihr in Form von Tee teuer kaufen konnte.

Ihr Geschäftssinn trug Früchte: 1863 erwarb sie für 28.000 Gulden das inzwischen heruntergekommene Heilbad Mariabrunn. Monatelang wurde renoviert. Dann setzte ein großer Zustrom ein: bis zu hundert Patienten pro Tag! Alle Beschwerden der Ärzteschaft hatten keine Chancen. Ernsthafte Klagen von Patienten konnten nicht erbracht werden und mittlerweile hatte die Doktorbäuerin einflussreiche Fürsprecher.

Der Kurbetrieb war straff organisiert, alles musste wie am Schnürchen klappen. Der Personalstand wuchs auf etwa 90 Personen an. Es gab ein Badhaus mit vierzehn Badezimmern, eine Brauerei und etwa fünzig Gästezimmer. Die Bauern lieferten jährlich 30.000 Pfund Fleisch und 4.000 Pfund Weißbrot. Pro Jahr flossen 148 Gulden Gewerbesteuer an die Gemeinde Röhrmoos.

Auch ihren Patienten gegenüber trat Amalie energisch auf. Punkt zehn Uhr erschien Madame Hohenester in langem, schwarzseidenem Kleid mit Überwurf, schwarzen Glacéhandschuhen und schwerem Goldschmuck. Ihr herrisches »Du« musste sich jeder ohne Ansehen der Person gefallen lassen. In barschem Ton verlangte sie die Urinfläschchen und stellte dann die »Diagnose«. In Wirklichkeit war sie längst informiert, denn ihre Bediensteten – Kutscher wie Zimmermädchen – hatten die Anweisung, die Neuankömmlinge auszuhorchen. Die Patienten mussten ihre Anordnungen strikt einhalten, sonst hatten sie das Bad zu verlassen.

Auf Druck der Behörden stellte sie schließlich einen »Kurarzt« ein – dieser hatte eine reine Alibifunktion. 1869 gelang es dann doch noch, das Bad zu schließen. Der Triumph war kurz: Der Straftatbestand der medizinischen Pfuscherei wurde aus dem Gesetzbuch gestrichen – und das Kurbad wieder eröffnet. Amalies Ruf hatte dieses Intermezzo nicht geschadet, von überall her strömten die Patienten, Mariabrunn wurde zum Weltbad.

Am 24. März 1878 starb Amalie Hohenester an Herzversagen. Begraben ist sie auf dem Friedhof in Ampermoching.

Ihre Erben konnten den Kurbetrieb nicht weiterführen. 1881 kaufte Graf von Rambaldi das Anwesen, seit 1907 ist es im Besitz der Familie Breitling. Zu sehen sind heute noch das Gästehaus, die (umfunktionierte) Brauerei, einige kleinere Häuschen, der efeuumrankte Brunnen und die Kapelle.

Ingrid Reuther

Fundort: Die tagsüber geöffnete Kapelle, der mit Efeu überwucherte Brunnen und die Gastwirtschaft (im ehemaligen Wohn- und Gästehaus). Öffnungszeiten der Wirtschaft: Mi–Fr 17.00–24.00, Sa, So, Fei 11.00–24.00, bei schönem Wetter Biergarten, www.mariabrunn.de

Anfahrt: *Kfz:* Nördlich von Dachau, Nähe Ampermoching, Mariabrunn gehört zur Gemeinde Röhrmoos und ist ausgeschildert. *ÖPNV:* Von München S 2 bis Röhrmoos, dann per Rad oder zu Fuß ca. 5 km.

10 Nationalsozialistische Massenhinrichtungsstätte

Der Schießplatz Hebertshausen

Der ehemalige SS-Schießplatz Hebertshausen ist Teil der KZ-Gedenkstätte Dachau. Freilich finden nur wenige den Weg hier hinaus, nicht zuletzt, weil er mit öffentlichen Verkehrsmitteln kaum zu erreichen ist.

Die Anlage wurde 1937 von KZ-Häftlingen als Schießübungsplatz für die SS errichtet. Vier Jahre später war die Schießstätte Schauplatz grausamer Massenerschießungen an sowjetischen Kriegsgefangenen. 4.000 Soldaten wurden hier ermordet.

Kurz nach dem deutschen Überfall auf die Sowjetunion im Juni 1941 ergingen Befehle, alle sowjetischen Kriegsgefangenen auf ihre »weltanschauliche Verträglichkeit« hin zu überprüfen. Als untragbar galten Juden, »sowjetrussische Intelligenzler« (es genügte schon, eine Brille zu tragen), Funktionäre in Partei, Staat und Armee, »Berufsrevolutionäre«, »fanatische Kommunisten« und alle, die »in politischer, krimineller oder sonstiger Hinsicht« aufgefallen waren. Laut der »Haager Landkriegsordnung« stehen Kriegsgefangene unter der Verantwortung und dem Schutz der Armee, die sie gefangen genommen hat, in diesem Fall also der Wehrmacht. Gestapo-Einsatzkommandos suchten die Kriegsgefangenenlager auf und begannen mit der Selektion. Die Wehrmacht »entließ« die als »untragbar« Klassifizierten aus ihrer Obhut und übergab sie den Einsatzkommandos. In der Wehrmacht regte sich kaum Widerstand gegen dieses Verfahren, obwohl bekannt war, was mit den Kriegsgefangenen geschehen sollte: Der Befehl lautete, sie »unauffällig im nächstgelegenen Konzentrationslager« zu exekutieren. Für die Insassen der Kriegsgefangenenlager der Wehrbereichsbezirke München, Stuttgart und Nürnberg war dies das KZ Dachau.

Über ihr weiteres Schicksal gibt es einige wenige Berichte ehemaliger KZ-Häftlinge und anderer Augenzeugen. Im KZ Dachau waren die sowjetischen Kriegsgefangenen in einem abgetrennten Bereich untergebracht. Anfangs wurden sie im KZ erschossen. Als die Zahl der eingelieferten Kriegsgefangenen aber stieg, fuhr man sie auf Lastwagen nach Hebertshausen. Sie mussten sich in der rechten Schießbahn aufstellen und entkleiden. Dann wurden sie in Fünfergruppen im Laufschritt hinüber in die linke

Nationalsozialistische Mordstätte: Schießbahn mit Kugelfang

Schießbahn geführt, mit eisernen Handfesseln an Pfähle gebunden und erschossen.

Grabungen des archäologischen Instituts der Universität München in Hebertshausen haben nur Schädelknochen zutage gefördert. Das bedeutet, dass den Kriegsgefangenen nicht in die Brust, sondern aus unmittelbarer Nähe in den Kopf geschossen wurde. Um ihre Uniformen zu schonen, trugen die SS-Todesschützen Schürzen, die dann blutverschmiert an das Desinfektionskommando des KZ Dachau zur Reinigung gegeben wurden. Die Leichen wurden ins Konzentrationslager zurückgebracht und im Krematorium verbrannt.

Insgesamt wurden in Deutschland mindestens 38.000 sowjetische Kriegsgefangene in Konzentrationslagern von der SS ermordet. Lange Zeit waren die Namen der Ermordeten nicht bekannt. In den 90er Jahren wurden die Unterlagen über die Soldaten in einem Moskauer Archiv entdeckt. Von jedem Soldat fand sich eine Kennkarte, in der sowohl die Gefangennahme durch die deutsche Wehrmacht als auch die Übergabe an die Gestapo verzeichnet ist. Nur wenige Tage danach wurden die Kriegsgefangenen erschossen.

Schon in den 60er Jahren wurde am Schießplatz Hebertshausen ein Denkmal errichtet. Im vorderen Teil des Geländes sind das ehemalige SS-Wachhaus erhalten, im hinteren Teil die Schießbahnen und der Kugelfang. 1998 hat man die baufälligen Kugelfänge mit Stahlträgern gesichert. Seit 2000 ist ein weiteres Denkmal hinzugekommen und Informationstafeln in Deutsch und Russisch erläutern die Geschehnisse.

Bei den jährlichen Feierlichkeiten zur Erinnerung an die Befreiung des KZ Dachau findet auch eine Gedenkveranstaltung in Hebertshausen statt. In den 90er Jahren hat sich ein Arbeitskreis des »Fördervereins für Internationale Jugendbegegnung in Dachau« der SS-Schießstätte angenommen. Jeweils um den 20. Juni, zum Jahrestag des deutschen Überfalls auf die Sowjetunion, wird in Hebertshausen mit einer Gedenkstunde an die Ermordung der Kriegsgefangenen erinnert.

Eva Strauß

Fundort: Der Schießplatz Hebertshausen ist jederzeit frei zugänglich. KZ-Gedenkstätte Dachau, Alte Römerstraße 75, Tel. 0 81 31/66 99 70, www.kz-gedenkstaette-dachau.de

Anfahrt: *Kfz:* Von der KZ-Gedenkstätte liegt der Schießplatz 2 km entfernt, die Alte Römerstraße nach Norden, nach rechts auf die Straße Richtung Deutenhofen, auf die Ausschilderung achten. *ÖPNV:* S 2 bis Dachau, mit Bus 724 oder 726 zur Gedenkstätte, dann zu Fuß wie *Kfz* (Achtung: teilweise ohne Gehweg!)

11 Die Frau in der Linde
Edigna zu Puch

Auf einem Hügel, weithin sichtbar, steht die Kirche des Stadtteils Puch am äußersten Rand von Fürstenfeldbruck. Die Häuser reichen den Hügel hinauf bis knapp an die kleine Kirche, deren Turm 39 Meter hoch emporragt. Die letzten Meter bis zur Kirche sind steil, aber das Ziel lohnt die Mühe.

Eine erste Kirche stand hier schon im 8. Jahrhundert, im 15. Jahrhundert erhielt sie ihre heutige Form. Nicht nur die Kirche ist eine echte Sehenswürdigkeit, etwas ganz Besonderes ist die 1000-jährige Linde neben der Kirche, die mitten im Friedhof steht.

Ganz ohne Stütze kann sie nicht mehr stehen. Vor Jahren schon musste man die Hohlräume mit einem Mäuerchen ausfüllen. Und trotzdem: Jedes Jahr treibt die Linde wieder Blätter aus und zeigt sich in ihrer ganzen Pracht. Ebenso faszinierend ist die Legende, die sich um die »hohle Linde zu Puch« rankt:

Im Frankreich des 11. Jahrhunderts wächst eine junge Prinzessin heran, Edigna (lat. »die Würdige«). Sie soll die Tochter König Heinrichs I. oder dessen Sohnes Philipp gewesen sein. Als sie das heiratsfähige Alter erreicht hat, soll sie, wie damals üblich, gewinnbringend verheiratet werden. Edigna sträubt sich, sie möchte aus Liebe zu Jesus Christus ein jungfräuliches Leben in Armut führen. Als man sie zur Heirat zwingen will, verlässt sie nicht nur ihr Elternhaus, sondern auch ihr Land. Auf einem Ochsenkarren kommt sie in Puch an. Sie hat einen Hahn und eine Glocke dabei. Als die Ochsen stehen bleiben, der Hahn zu krähen beginnt und die Glocke ohne jedes Zutun läutet, weiß sie, hier ist ihre neue Heimat. Sie sieht die Linde und verbringt von da an die nächsten 35 Jahre bis zu ihrem Tod am 26. Februar 1109 in ihrem hohlen Stamm. Sie verehrt Gott durch Gebete, Nachtwachen und Tränen und wirkt segensreich für die Menschen. Nach ihrem Tod fließt Öl aus der Linde, das Heilkraft besitzt, und versiegt, als man damit Handel zu treiben beginnt. Soweit die Legende. Unbeantwortet bleibt nicht nur die Frage, wie man den Alltag in einer Baumhöhle lebt …

Die Verehrung Edignas in der Bevölkerung begann schon relativ früh. Aber erst 1624 schrieb der Jesuit M. Rader ihre Legende in der »Bavaria sancta« zum ersten Mal nieder. Die selige Edigna

Alle Jahre wieder treibt die 1000-jährige Linde prächtig aus.

ist nicht nur die Patronin zur Wiedererlangung verlorener und gestohlener Sachen. Die älteste in Puch erhaltene Votivtafel zeigt, dass man sich auf ihre Hilfe in allen Notlagen verlassen hat: Nachdem Anna Zacherlin aus Mammendorf ihr an Ruhr erkranktes Töchterlein zur seligen Edigna »verlobt« hatte, wurde das Kind noch in der gleichen Nacht gesund.

1654 half Edigna der Witwe Kaiser Ferdinands II., Eleonore, beim Auffinden ihres Schmucks. Diese revanchierte sich mit einer Votivtafel, einem Kelch und zwei Kännchen. Auch Anna, Witwe des Kurfürsten Maximilian I., stiftete der Kirche ein »Behältnis«.

Die Edigna-Legende erfuhr im Laufe der Jahrhunderte Veränderungen. In der Zeit der Aufklärung, die den ausufernden Heiligenkult einzuschränken suchte, wurde »alles Überflüssige hinweggelassen, nur das Praktisch-Lehrreiche ausgehoben und deutlich vorgetragen« (Dieter Schütz). Aber die alte Volksfrömmigkeit ließ sich nicht dauerhaft zurückdrängen. In der Romantik wurde die Legende weiter ausgemalt: Der Grund ihrer Flucht ist nun ihre Weihe an die Jungfrau Maria. Edigna soll schutz- und planlos durch den Wald geirrt sein, als ein Fuhrmann mit Ochsengespann, Hahn und Glocke sie aufnimmt. Das Stehenbleiben der Ochsen, das Krähen des Hahnes und das Läuten der Glocke werden dabei bereits vorausgesagt. In Puch hat sie dann eine Engelerscheinung, und das Öl soll bereits zu ihren

Lebzeiten aus der Linde geflossen sein. Letzteres war wohl doch ein wenig dick aufgetragen, die Version konnte sich nicht lange halten.

Edigna wird nach wie vor verehrt. In Puch gründete sich ein Edigna-Verein und seit 1991 kann man seine Sorgen und Nöte in ein Anliegenbuch eintragen. 1959 wurde zum ersten Mal das Edigna-Spiel (von Franz Wagner) aufgeführt. Seitdem wird das moderne Gelübdespiel, dargestellt von den Bewohnern Puchs, alle 10 Jahre wiederholt.

Die selige Edigna war und ist eine reine Volksheilige. Aus den Quellen ist nicht ersichtlich, dass ihr Kult jemals kirchenamtlich bestätigt wurde, eine Kanonisierung (Heiligsprechung) erfolgte nachweislich nie. Trotzdem wird sie in der Lateran-Universität in Rom als Selige geführt und in manchen Schriften sogar als Heilige.

Ingrid Reuther

Fundort: Die Linde der Edigna steht bei der Kirche, in der Ortsmitte von Puch.

Anfahrt: *Kfz:* Puch, ein westlicher Stadtteil Fürstenfeldbrucks, liegt nahe der B 2 Richtung Augsburg. *ÖPNV:* S 4 bis Fürstenfeldbruck, dann mit Bus 838 bis Puch.

12 Mittelalterliche Machtkämpfe
Ludwig der Bayer: Kaiser und Ketzer

Am östlichen Rand von Puch steht, von drei Straßen eingekeilt, auf einem Grünfleck eine Säule. Sie wurde 1808 im Auftrag von König Max I. Joseph errichtet und erinnert an Kaiser Ludwig IV. den Bayer, eine der bedeutendsten Herrschergestalten in der bayerischen Geschichte. Die Säule markiert in etwa die Stelle, an der der Kaiser am 11. Oktober 1347 während der Bärenjagd vom Herzschlag getroffen vom Pferd fiel. Er soll in den Armen eines Bauern, das Gebet »süezze künigin, unser fraue, bis pei meiner schidung« hauchend, gestorben sein.

Weder König- noch Kaisertum fielen Ludwig in den Schoß. Sein Vorgänger, König Heinrich VII. aus dem Hause Luxemburg, war an vergiftetem Wein gestorben. Den luxemburgischen Parteigängern schien der bayerische Herzog Ludwig von Wittelsbach als Nachfolger geeignet und so wurde er am 20. Oktober 1314 zum neuen König gewählt. Die habsburgische »Konkurrenz« hatte schneller reagiert und bereits einen Tag vorher den Habsburger Friedrich den Schönen zum König erhoben. Doppelte Wahl hieß auch doppelte Krönung. Ludwig wurde in der traditionellen Krönungsstadt Aachen gekrönt – allerdings vom Mainzer und nicht wie üblich vom Kölner Erzbischof. Dieser bediente die Gegenseite: In Bonn setzte er Friedrich die Krone auf. Acht Jahre lang regierten zwei Könige, dann fiel am 28. September 1322 die Entscheidung. Aus der letzten Ritterschlacht der Geschichte – mit Bogenschützen, Speeren, Lanzen – ging Ludwig als Sieger hervor.

Nun trat ein anderer mächtiger Gegner auf den Plan: Papst Johannes XXII. Als Ludwig – mit Recht – die Kaiserkrone forderte, verweigerte der Papst kategorisch die Krönung. Mehr noch: Er erkannte Ludwigs Königtum nicht an. Es kam zu einem erbitterten Schlagabtausch, in dessen Verlauf der Papst über Ludwig den Bann verhängte. Der Kaiser beschuldigte den Papst wegen dessen Politik dem Bettelorden der Franziskaner gegenüber der Ketzerei. Päpstliche Antwort: die Exkommunikation Ludwigs.

Die Chronisten der Reichsstädte bescheinigten Ludwig Bescheidenheit, Güte und Friedlichkeit, die Geistlichkeit stellte Hartnäckigkeit, Streitsucht und Stolz fest. Tatsache ist, dass er sich über Bann und Exkommunikation hinwegsetzte und 1327

Denkmal für einen Gebannten: die Kaisersäule bei Puch

nach Rom zog. In Abwesenheit des Papstes – er residierte zu dieser Zeit in Avignon – ließ er sich vom Stadtpräfekten am 17. Januar 1328 im Petersdom zum Kaiser krönen. Johannes enthob er wegen Häresie des Amtes und legte gesetzlich fest, dass jeder Papst in Rom zu residieren hatte. Zugleich ernannte er einen eigenen Papst: Nikolaus V., einen Franziskaner. Johannes XXII., den auch Theologen als Ketzer bezeichneten, rief zum heiligen Krieg gegen den Kaiser auf. Acht Monate später wurden Ludwig und Nikolaus gewaltsam aus Rom vertrieben.

In Deutschland erkannte man Ludwig trotz der ungewöhnlichen Krönung als Kaiser an. Die Kurfürsten standen hinter ihm und untersagten 1338 dem Papst jegliche Einflussnahme auf die deutsche Königswahl. Ludwig festigte seine Position als Reichsoberhaupt, indem er den Klöstern reiche Privilegien verlieh und dafür sorgte, dass die Domkapitel treue kaiserliche Parteigänger zu Bischöfen wählten. Er förderte die finanzkräftigen Reichsstädte und bemühte sich um die Bewahrung des Landfriedens, was besonders dem Handel zugute kam. In fast allen Teilen des Reiches gewann er Autorität. Reichsstädte, Bischöfe, Reichsritter waren seine treuesten Anhänger. Auch als bayrischer Landesherr war er erfolgreich: 1323 gewann er die Mark Brandenburg dazu, 1342 Tirol, 1346 Holland, Seeland, Friesland und Hennegau.

Aufgrund dieser Territorialpolitik formierte sich eine Gegnerschaft. Luxemburger und Habsburger fühlten sich übervorteilt. Zusammen mit dem »zutiefst verletzten Papsttum« schafften sie es, an Ludwigs Königsthron zu rütteln: Die Reichsfürsten erfüllten die alte Forderung des Papstes und wählten im Juli 1346 Karl IV. zum König. Nur der plötzliche Tod Ludwigs verhinderte einen Kriegszug. Alle späteren Versuche der Wittelsbacher, den Thron zu besteigen, scheiterten. Ein kurzes Zwischenspiel im 18. Jahrhundert (Kaiser Karl VII., 1742–1745) brachte nur ein Ergebnis: die Besetzung Bayerns durch die Österreicher.

Papst Johannes XXII. gab dem Kaiser einst den abwertend gemeinten Beinamen »Ludovicus Bavarus«, ohne Nennung der königlichen oder kaiserlichen Attribute. Unter dem Namen »Ludwig der Bayer« ging der Kaiser denn auch in die Geschichte ein.

Ingrid Reuther

Fundort: Die Kaisersäule steht am Ortsrand von Puch, an der B 2 Richtung Augsburg.

Anfahrt: *Kfz:* Puch, westlicher Stadtteil Fürstenfeldbrucks an der B 2. *ÖPNV:* S 4 bis Fürstenfeldbruck, mit Bus 838 bis Puch, weiter zu Fuß ca. 15 Min.

13 Industriegebiet der Antike
Der römische Ziegelbrennofen in Germering

Der Ausbau eines Naherholungsgebietes brachte es an den Tag: In römischer Zeit befanden sich in Germering und Unterpfaffenhofen nicht nur Gutshöfe (villa rustica), sondern es gab auch ein gewerbliches Gebiet mit Öfen zur Herstellung von Baukeramik und Töpferware. Beim Bau eines Radweges zum Germeringer See stieß man 1998 auf ein zwei Meter breites, quer durch die Trasse laufendes Band von verziegeltem, rotem Lehm. Bei den sogleich durchgeführten Grabungsarbeiten konnten insgesamt 100 Objekte geborgen werden. Ein Brunnen, Pfosten und mehrere Holzgebäude wurden aufgedeckt. Das Besondere aber waren fünf römische Brennöfen. Drei davon dienten zur Herstellung von Gebrauchsgeschirr. Die beiden anderen bildeten eine Doppelanlage, sie standen im rechten Winkel zueinander. In diesen unterschiedlich großen, birnenförmigen Öfen wurden Ziegel und Baukeramik gebrannt. Der größere mit einem Ausmaß von vier mal fünf Metern ist nun in einer Glasvitrine am Straßenrand zu sehen. Übrigens wurden die Ausstellungsstücke »chemisch behandelt« – mit einem Steinfestiger, der den Ziegeln und dem verziegelten Lehm wieder ihre ursprüngliche Farbe zurückgab.

Der kuppelförmige Aufbau des Ofens ist verloren gegangen. Die Humusschicht des darüber liegenden Bodens war zu dünn und bot nicht ausreichend Schutz vor den Pflugscharen. Es wird vermutet, dass die Öfen zu einem größeren Töpferei- und Ziegeleibezirk gehörten. Im Umkreis fanden sich zudem Brennhilfen, Fehlbrände und Keramikscherben. Man datiert die Öfen auf die Zeit um 160 n. Chr. Rohstoff für die Ziegelei gab es ganz in der Nähe. Der Parsberg besteht aus früheiszeitlichen Verwitterungslehmen und ist von würmeiszeitlichem Löss überdeckt. Die Archäologen schlussfolgern, dass hier eine gewerbliche Produktionsstätte für Bauziegel eingerichtet worden war.

Der Ziegelbrennofen ist sicherlich ein eindrucksvolles archäologisches Objekt, aber keineswegs das einzige in Germering. So sind in den letzten zehn Jahren eine ganze Reihe von Funden gehoben worden: Gräber aus den unterschiedlichen Epochen der Bronzezeit (etwa 2200/2000–800 v. Chr.) und ein Brunnen aus der Urnenfelderzeit mit Opferfunden (etwa 1200 v. Chr.). Tier-

Blick in die Vitrine mit dem römischen Ziegelbrennofen

knochenfunde belegen, dass neben Rindern auch Schweine, Schafe, Ziegen und Pferde gehalten wurden. Die Funde umfassen eine große Zeitspanne, sie reichen bis in das siebte nachchristliche Jahrhundert. Bemerkenswert ist ein Frauengrab mit außergewöhnlichen Grabbeigaben aus der Zeit um 400 n. Chr. Ihr Schmuck sowie ihre Knochen, welche von der Anthropologischen Staatssammlung untersucht worden sind, weisen darauf hin, dass die Frau nicht aus der hiesigen Gegend stammte, sondern aus den östlichen Grenzgebieten des Römischen Reiches.

Die Stadt Germering bemüht sich, die Funde der breiten Bevölkerung zu präsentieren. So wurden – und werden weiterhin in den nächsten Jahren – mehrere zwei Quadratmeter große Glaswürfel an wichtigen Fundorten aufgestellt werden und mit Nachbildungen der Fundstücke sowie Informationen zu archäologischen Epochen ausgestattet. Ergänzend wird das Stadtmuseum schrittweise umgebaut und neu gestaltet, dort werden dann die Originalfunde gezeigt.

Germering wurde zwar »erst« 948 urkundlich erwähnt, doch die Besiedlung reicht – mit Unterbrechungen – sehr viel weiter zurück.

Eva Strauß

Fundort: Der Ziegelbrennofen liegt am Ortsrand von Germering, an der Straße Richtung Alling.

Anfahrt: *Kfz:* A 96, Ausfahrt Germering/Unterpfaffenhofen, in Germering den Wegweisern nach Alling folgen. *ÖPNV:* S 5 bis Germering, der Ausschilderung Fahrradweg Germeringer See folgen, Richtung Alling.

14 Bayerns berühmtester Schwarzbau

Die Ost-West-Friedenskirche in München

Mai 1945. Der Zweite Weltkrieg war zu Ende. München lag in Schutt und Asche. Gerade in den beiden letzten Kriegsjahren war die Stadt massiv bombardiert worden. Jetzt hieß es aufräumen. Drei große Schutthalden waren als »Endlagerstätten« der Trümmerbeseitigung vorgesehen, eine davon auf dem Oberwiesenfeld. 2,2 Millionen Kubikmeter Schutt wurden dort von 1947 bis 1951 abgeladen. Danach blieb die Schutthalde Oberwiesenfeld als einzige in Betrieb. Den Schuttberg hatte man zu einer halbrunden Anlage aufgeschüttet mit dem langfristigen Ziel, das dadurch entstehende Oval später als Tribünenfundament eines Großstadions zu nutzen.

Da das Gelände Bund, Freistaat und Stadt gehörte – und diese jeweils eigene Interessen hatten –, verzögerten sich die Nachkriegsplanungen. Eine erste Entscheidung über die Bebauung fiel 1964 im Stadtrat. Ein 290 Meter hoher Fernsehturm sollte errichtet werden. 1968 wurde er eröffnet, ein Jahr später fuhr der millionste Besucher auf die Aussichtsplattform. Mittlerweile war die Entscheidung gefallen, die Olympischen Spiele 1972 an München zu vergeben. Das brachliegende Gelände um den entstehenden Fernsehturm eignete sich hervorragend als Austragungsort für die Spiele. Die olympischen Sportstätten und das berühmte Zeltdach aus Glas und Stahl, das die Schuttberghügel nachzeichnet, entstanden. Aus dem schlichten Fernsehturm wurde der »Olympiaturm«, das Gelände zum »Olympiapark«. Und erst da wurde man auf ein kleines skurriles Bauwerk inmitten eines verwilderten Gartens und auf seine nicht minder skurrilen Bewohner aufmerksam ...

Unbeachtet von der Öffentlichkeit hatte sich 1952 am Fuße des Schuttberges ein Russe niedergelassen. Damals hieß er noch schlicht Timofej Prochorow, laut seiner sibirischen Geburtsurkunde geboren am 22. Januar 1894. Er erzählte, die Jungfrau Maria habe ihm geraten, sich hier niederzulassen, und auch, dass er sich eine Frau suchen und zusammen mit ihr eine Friedenskirche bauen solle. Er fand Natascha, ebenfalls Russin, in Österreich. Gemeinsam zogen sie aus dem Schuttberg alles, was sie brauchen konnten: Ziegel, Bretter, Fensterrahmen, Türen. Ein paar Fotos, die heute im »Museum«, dem ursprünglichen ersten

Steht in einem malerischen Garten: die Ost-West-Friedenskirche

»Wohnhaus«, ausgestellt werden, belegen, wie mühsam die Baustoffbeschaffung war. Aus den Kriegstrümmern bauten sie ein Häuschen und eine Kapelle. Es ist ein eigentümliches Bauwerk mit zwei Türmchen und fünf Kreuzen. Skurril und schrullig ist es vor allem innen: Alles, was irgendwie mit Glauben, ob orthodox oder katholisch, verbunden werden kann, ist hier zusammengetragen. Bilder, Figuren, Plastikblumen und Ketten schmücken Tischchen, Lampen und Wände. Auf dem Boden liegen verschiedene abgetretene Teppiche, die Decke besteht aus aneinander gefügter und irgendwie befestigter Aluminiumfolie. Es ist Kitsch, keine Frage, und trotzdem – oder gerade deshalb – betrachtet man erstaunt und in gewisser Weise fasziniert dieses penibel zusammengetragene Sammelsurium. Prochorow erklärte die Kapelle kurzerhand zur Ost-West-Friedenskirche, er selbst nannte sich nun »Väterchen Timofej«.

Dabei ist er – nach eigenen Aussagen – weder ein Orthodoxer noch ein Katholik. Und, wie das Olympia-Organisationskomitee feststellte, ist er »weder Mönch noch Priester noch geweiht«. Das Komitee hatte Erkundigungen eingezogen, denn eigentlich sollte seine Behausung der olympischen Reitbahn weichen. Aber die Presse berichtete über Timofej, er hatte die Sympathien der Münchner – und es sollten ja heitere Spiele werden, da passte eine Vertreibung nicht ins Konzept. Als auch Günter Behnisch, der Olympiaarchitekt, zu den Timofej-Bauten meinte, »das bleibt alles hier, darum ist es zu schade«, verlegte man die Reitbahn um einige Meter.

Probleme bekam Timofej nochmals, als er 1973 seine Natascha heiratete. Man ermittelte gegen ihn wegen Bigamie, denn in Russland hatte er noch Frau und Kinder. Aber offensichtlich sah man ihm auch das nach, jedenfalls hatte es für ihn keine Konsequenzen. Natascha starb vier Jahre nach der Trauung.

Am 23. Januar 2003 feierte »Väterchen Timofej« seinen 109. Geburtstag. Seit Dezember 2001 lebt er nicht mehr in seiner Eremitenbehausung. Aus gesundheitlichen Gründen musste er in ein Altenheim überwechseln. Auf seinen Wunsch hin wurde der Verein »Stiftung Ost-West-Friedenskirche« gegründet, der sich um die Erhaltung dieses einzigartigen Denkmals der Nachkriegszeit kümmert.

Ingrid Reuther

Fundort: Ost-West-Friedenskirche, Spiridon-Louis-Ring 100 in München, geöffnet tägl. 9.00–17.00 (unregelmäßig).

Anfahrt: *Kfz:* Parkplätze südlich des Olympiaparks. *ÖPNV:* Straßenbahnen 12, 20, 21, Bus 33, bis Leonrodplatz.

15 »Ein Lieblingsplatz der intelligenten Bevölkerung«

Münchens erster zoologischer Garten und das Benedikttürmchen

»München hat nun einen Thiergarten ganz eigener Art erhalten, es hat einen neuen Vergnügungsort gewonnen, der allgemeine Anerkennung verdient, denn er verbindet Belehrung und Unterhaltung, wie keiner in der ganzen Stadt, und wird mit Recht ein Lieblingsplatz der intelligenten Bevölkerung werden.«

So pries die Münchner Presse 1863 ein waghalsiges Unternehmen, an das heute nur noch ein zwei Meter hoher Turmrest am Ufer des Schwabinger Baches im Englischen Garten erinnert.

Drei Jahre lang, von 1863 bis 1866, war hier der erste zoologische Garten Münchens, lange vor dem 1911 eröffneten Tierpark Hellabrunn. Gründer des ersten Zoos war der Münchner Benedikt Benedikt. Geboren 1819 in München als Sohn eines reichen Bierwirtes, war er zunächst als Buchhalter, dann im Großhandel und nach seiner Heirat als Drahtstiftfabrikant tätig. Zeitweise bekleidete er zudem das Amt eines Magistratsrates der Stadt München.

Zoologische Gärten waren in Deutschland Mitte des 19. Jahrhunderts in Mode gekommen, finanziert wurden sie von eigens gegründeten Aktiengesellschaften. In München scheiterte die Gründung einer Aktiengesellschaft und so musste Benedikt sein Vorhaben in privater Regie betreiben. Er kaufte ein Gelände am Englischen Garten, ließ Wirtschaftsgebäude errichten, kaufte Tiere und erhielt auch Tierspenden. Als Direktor wurde ein berühmter Wiener Zoologe eingesetzt. Damit sollte dem wissenschaftlichen und belehrenden Charakter eines Zoos Tribut gezollt werden. Benedikts Zoo war relativ klein, nur sechs Fußballfelder groß. Man hielt vor allem solche Tiere, die das Münchner Klima vertrugen. Es gab einen Weiher mit Stelz- und Schwimmvögeln, ein Fasanen-, Hühner- und Taubenhaus. In einer weiteren Voliere wurden Strauße gehalten. Die ruinenähnlich geformte Eulenburg diente als Brut- und Nistplatz für Nachtvögel und kleinere Greifvögel. Im Raubtierhaus lebten nur wenige Tiere, denn Raubtiere waren teuer. Also gab es einheimische Tiere zu sehen: Wolf, Fuchs, Marder, Dachs, Nasenbären, kleinere Raubkatzen. Im Kamelhaus waren Lamas, Ziegen, Schweine, Hirsche, Schafe und

Das Benedikttürmchen war einst Bestandteil der Eulenburg im ersten Münchner Tierpark.

ein Yak untergebracht. In Planung waren ein Affenhaus, Löwen- und ein Bärenzwinger. Die attraktivsten Tiere – Elefanten, Nashörner, Giraffen und Großkatzen – fehlten in Benedikts Zoo.

Natürlich hoffte Benedikt, durch die Eintrittsgelder seine Unkosten decken zu können, wie dies andernorts auch möglich war. Doch schon nach drei Jahren ging das Unternehmen Pleite. Der Garten wurde zwangsversteigert. Da sich lange kein Käufer fand, musste die Stadt München, die für Benedikt bei der Bank gebürgt hatte, das Anwesen selbst kaufen. Gründe für das Scheitern des ersten Zooprojekts waren neben dem Fehlen attraktiver Tiere die relativ hohe Sterblichkeit. Während des Winters verlor man jeweils bis zu einem Drittel des Bestandes. Hinzu kam ein gewisser Dilettantismus in der Anlage der Bauten, die auch der Direktor des Zoos bemängelte. Nicht zuletzt aber fehlte die finanzielle Unterstützung durch die Stadt, das Land und die Krone.

Benedikt lebte noch zwei Jahre, bis 1868, auf dem Gelände seines Zoos und zog dann nach Rosenheim. Anfang 1869 pachteten die Besitzer des populären Zoologischen Museums in München das Gelände und verlegten ihre Ausstellung hierher. Aber auch dieses Unternehmen war nur ein kurzes Intermezzo. Bereits 1872 hatte das Gelände einen neuen Pächter, Joseph Hermann. Er erweiterte den Zoo um Vergnügungsstätten, ließ Seiltänzer und andere Artisten auftreten. Noch im gleichen Jahr konnte die Stadt das Areal endlich zur privaten Nutzung an die

Familie Rosipal verkaufen. Das 1823 errichtete Maillot-Schlösschen war in der Tierpark-Ära zum Restaurant umgebaut worden und erhielt nun den Namen Rosipalvilla. Sie wurde im Zweiten Weltkrieg zerstört. Danach übernahm die Allianz-Versicherung das Gelände und bebaute es. In den frühen 50er Jahren stiftete die Versicherung das westliche Ufergelände des Schwabinger Baches mitsamt dem Benedikttürmchen, dem letzten Überbleibsel der ehemaligen Eulenburg, dem Englischen Garten.

Eva Strauß

Fundort: Das Benedikttürmchen liegt am Professor-Rudolf-Esterer-Weg im Englischen Garten.

Anfahrt: *ÖPNV:* U-Bahn Giselastraße, die Giselastraße endet an der Allianz-Versicherung. Auf dieser Höhe im Englischen Garten befindet sich das Türmchen. Zugang zum Englischen Garten z. B. über die Ohmstraße.

16 »Heimatlos und zigarettenlos in Planegg«

Der unbekannte Karl Valentin

Die verzweifelten Telefonversuche des Buchbinders Wanninger, der Firmling, dem der geliehene Anzug passt, der Disput zwischen Kapellmeister und Musiker über die Frage, was ein Zufall ist – jeder kennt Karl Valentin, aber kennt man ihn wirklich? Unbekannt ist vor allem sein Weg nach 1941. Aber es gibt Spuren: in Planegg im Würmtal, südwestlich von München.

Valentin Ludwig Fey, geboren 1882 in der Münchner Vorstadt Au, trat bereits mit 18 Jahren als Humorist auf. Die große Karriere begann 1914 mit Liesl Karlstadt als Partnerin. Ab den 20er Jahren waren sie ein gefeiertes Komikerpaar, die Bühnen rissen sich um sie, die Gagen flossen reichlich.

1924 kaufte Valentin in Planegg in der Georgenstraße 2 ein Haus. »I hab des nur wegen mei'm Bobsi kauft, es hat nämlich vier Ecken«. Bobsi, das war Valentins heißgeliebter Foxterrier. Ihm las er Briefe vor, ihm wollte er im Garten das »Baumnaufklettern« beibringen – ein sinnloses Unterfangen. Wegen Bobsi wollte er auswärtige Engagements nicht annehmen, denn »i konn mein Hund ned so lang alloa lass'n!«. Das Landhaus war für viele Jahre sein Feriendomizil. Fester Wohnsitz Valentins zusammen mit seiner Familie war eine große Wohnung am Mariannenplatz 4 im Münchner Stadtteil Lehel.

Der Zweite Weltkrieg veränderte sein Leben radikal. 1941 mochte er nicht mehr auf der Bühne stehen: »Es is a Schand, mia dean dahoam Kasperlspuin und drauß'n verlier'n d' Leit eahna Leb'n. Schluß is – aus is – i konn nimma«. Die Familie zog nach Planegg. Er selbst wohnte noch zwei Jahre im Schlosshotel Grünwald gegenüber der Grünwälder Burg, wegen »Recherchearbeiten für einen Ritterfilm«. Ein anderer Grund mag gewesen sein, dass die Familie zwar Geborgenheit bot, ihn das Familienleben aber auch einengte.

Als Rückzugsort in Planegg diente ihm seine Werkstatt, die er vor »Einbrechern« durch eine valentineske Warnanlage schützte: Auf einem Hocker in der Küche stand ein Eimer, von diesem führte ein Seil durch ein in die Küchenmauer geschlagenes Loch (!) zur Türklinke der Werkstatt. Beim Öffnen der Werkstatt wäre der Eimer vom Hocker gerissen worden und hätte die Hausbewohner

Denkmal am Planegger Marktplatz: Der trompetende »Spritzbrunnenaufdreher«

geweckt. Valentin, gelernter Schreiner, fertigte Kochlöffel, Fleischbretter und Kartoffelstampfer, Schatullen, Schränke, Stühle und Tische. Dass er durch den Verkauf von Kochlöffeln seinen Lebensunterhalt bestreiten musste, ist allerdings ein Märchen.

Doch die finanzielle Lage der Familie war sehr angespannt. Von 1942 bis Kriegsende war Valentin gezwungen, Artikel für

Das Bayertor ist eines der eindrucksvollsten Stadttore des Spätmittelalters.

Oberkörper gerade noch aus ihrem Rachen herausragt. Zahlreiche Legenden ranken sich um dieses merkwürdige Wappenbild. Vermutlich steht die Schlange für das Böse, das den Menschen zu verschlingen droht – vergleichbar dem Motiv der berühmten Freisinger Bestiensäule und des Tympanons der Basilika im nahen Altenstadt. Trägerin dieses Wappens war Herzogin Elisabeth, eine gebürtige Visconti aus Mailand, die Landsberg nach ihrer Hochzeit mit dem Wittelsbacher Herzog Ernst als Teil ihres Hochzeitsguts erhalten hatte. Als Burg- und Stadtherrin spendierte sie die beachtliche Summe von 40 Pfund Pfennigen zum Bau der Tore und der neuen Mauer.

Repräsentativ und zugleich militärisch abschreckend sollte die Befestigungsanlage sein. Dem Bayertor sind daher zwei Fanghöfe vorgelagert. Hier konnten Eindringlinge von Wehrgängen aus am weiteren Vordringen gehindert werden. Wenn alles klappte, waren die Angreifer in diesen Innenhöfen gefangen – daher der Name »Fanghöfe«. Doch nicht immer ging es gut aus: Im Dreißigjährigen Krieg wurde das Bayertor zunächst durch kaiserliche, dann durch schwedische Truppen gestürmt und beschädigt. Die damals gut 200 Jahre alte Anlage war dem schweren Geschütz offenbar nicht gewachsen, zumal der elegante Turm für die Aufstellung von Kanonen zu Verteidigungszwecken völlig ungeeignet war. Dennoch hat man sich jedes Mal sofort um die Instandsetzung des beschädigten Tors gekümmert und zwar nicht einmal in erster Linie, um die Befestigung zu erneuern, die sich schließlich nicht bewährt hatte, sondern vor allem mit dem Hinweis, das Tor sei »als Zier und Schmuck des Lands« für die Stadt unverzichtbar.

So ziert und schmückt das Bayertor bis heute die Stadt Landsberg. Noch immer zieht die imposante Anlage die Blicke der Besucher auf sich, und ortsfremde Autofahrer sollten darauf achten, dass sie im nahen Kreisverkehr nicht vor lauter Staunen den Verkehr aus dem Auge verlieren.

Andrea Hähnle

Fundort: Die Türmerstube des Bayertors in Landsberg ist von Mai bis Okt tägl. 10.00–12.00 und 14.00–17.00 geöffnet. Weitere Informationen über Landsberg bietet die Tourismusinformation, Tel. 0 81 91/12 82 46, fremdenverkehrsamt@landsberg.de

Anfahrt: *Kfz:* Landsberg a. Lech liegt an der A 96. Das Bayertor befindet sich an der höchsten Stelle der Alten Bergstraße. *ÖPNV:* Landsberg a. Lech ist von Augsburg aus direkt mit dem Zug zu erreichen, Bahnreisende aus München müssen in Kaufering umsteigen.

18 Schafzüchters Grabstein
Römische Spuren in Epfach

Das kleine Häuschen schmückt außen ein Relief: Es zeigt einen Hirten in römischer Tracht mit einem Lamm auf dem Arm, einen Baum und rechts davon vier Schafe. Vermutlich handelt es sich um den Grabstein eines begüterten Schafzüchters. Das einräumige Gebäude ist ein Hinweis auf die römische Vergangenheit des Dorfes Abodiacum – Epfach. Neben Kleinfunden, Keramikscherben, Münzen, Pfeilspitzen, sind im Museum Abodiacum Modellbauten der römischen Besiedlung zu sehen. Einen berühmten Sohn hat Abodiacum auch hervorgebracht, den Prokurator Claudius Paternus Clementianus, geboren um 65 n. Chr. und keltischer Abstammung. Von seinem Vater hatte er das römische Bürgerrecht geerbt und konnte deshalb in der römischen Armee Karriere machen. Er kam weit herum im römischen Imperium. Nach Statthaltertätigkeiten in Ungarn und Rumänien war er in Judäa Verwalter der kaiserlichen Kasse, auch in Sardinien und Nordafrika war er engagiert, bis er schließlich im Jahr 125 Prokurator der Provinz Noricum (ungefähr das heutige Südostbayern und Österreich südlich der Donau) wurde. Seinen Lebensabend verbrachte er in Abodiacum, wo er auch starb.

Vom Museum führt ein ausgeschilderter Weg zu einem römischen Brunnenhaus und schließlich hinüber zum Lorenzberg, dem militärischen Stützpunkt der Römer.

Wie und warum kamen die Römer nach Epfach?

Die Adoptivsöhne von Augustus, Drusus und Tiberius, zogen 15 v. Chr. über die Alpen und besetzten das Alpenvorland. Zur Sicherung wurden Militärstützpunkte angelegt. Epfach lag günstig: einerseits an der Nord-Süd-Verbindung, die dann unter Kaiser Claudius um das Jahr 46 n. Chr. zur Staatsstraße (Via Claudia Augusta) ausgebaut wurde. Zum anderen berührte die alte Salzstraße, die von Ost nach West, von Salzburg nach Bregenz, führte, Epfach. Außerdem konnte hier der Lech relativ mühelos überquert werden.

Zunächst richteten die Römer auf dem Lorenzberg eine Militärstation ein. Nachdem das Gebiet gesichert war, gab man den militärischen Stützpunkt um 50 n. Chr. auf. Gleichzeitig entstand die Siedlung gegenüber dem Lorenzberg auf dem heutigen Dorfgrund. Händler und Handwerker ließen sich nieder.

Der Schafhalterstein ist nur einer der Hinweise auf die römische Vergangenheit Epfachs.

Die Siedlung erlebte ihre Blütezeit zu Lebzeiten des Claudius Paternus. Aber schon im dritten Jahrhundert fielen die Alemannen ein und zerstörten die Siedlung. Erst einige Jahrzehnte später lassen sich wieder Siedlungsspuren feststellen. Das ehemalige Dorf allerdings blieb verlassen, der Lorenzberg wurde nun zivil besiedelt. Aus Angst vor den Alemannen umgab man ihn mit einem Schutzwall. Die Alemannen hat das wenig beeindruckt – Mitte des 4. Jahrhunderts zerstörten sie nochmals die Befestigung am Lorenzberg. Die Bewohner bauten zwar den Berg und auch die ehemalige Siedlung wieder auf, aber die Tage der römischen Herrschaft waren gezählt. Die letzten römischen Truppen verließen 388 den Lorenzberg.

Erst Mitte des 18. Jahrhunderts wurden Gelehrte wieder auf das römische Erbe des Ortes aufmerksam. 1830 führte ein Privatmann, der Schongauer Landrichter Lorenz Boxler, hier die erste systematische Ausgrabung eines Römerortes in Bayern durch und legte die Befestigungsmauer um den Lorenzberg frei. König Ludwig I., dessen Gesetzgebung die Fundamente für den Denkmalschutz legte, war mit den Grabungen sehr zufrieden. Als es aber ums Bezahlen ging und der Landrichter um Zuschüsse bat, kniff der für die Antike schwärmende König und erlaubte den Verkauf der Steine an einen Augsburger Sägmüller. »Mit hastiger Gewinnsucht suchte man recht viel brauchbare Bau- und Brennsteine zu erhalten, ohne alle Rücksicht auf Artistik«, stellte Boxler enttäuscht fest. Vieles wurde noch in Museen nach Augsburg und München gebracht, dem bayerischen Staat ging jedoch wertvollstes Fundmaterial für immer verloren. Einige Spuren sind geblieben, vor allem aber sind die eindrucksvolle topographische Situation von Dorf und Militärstützpunkt am besten vor Ort zu erleben.

Eva Strauß

Fundort: Das Museum Abodiacum, Schongauer Straße 27 (Via Claudia) in Epfach ist tagsüber geöffnet, der Eintritt ist frei. Weitere Informationen unter www.viaclaudia.net

Anfahrt: *Kfz:* Epfach liegt zwischen Landsberg a. Lech und Schongau, Abzweigung von der B 17. *ÖPNV:* Werktags zwischen Landsberg a. Lech und Schongau RVO-Bus 9824.

19 Salbe und Samen, Hostie und Hagelschlag

Altbayerns größter Hexenprozess in Schongau

Ende der 1580er Jahre kam es im Landgericht Schongau immer wieder zu heftigen Unwettern und Hagelschlag. Die Ernte der Bauern wurde vernichtet, das Brotgetreide knapp und teuer, die Lebensgrundlage der Menschen war aufs Äußerste gefährdet. Die Wetterstürze konnten nicht von alleine kommen, magische Mächte mussten ihre Hände mit im Spiel haben: Das war Hexenwerk! In Schwabmünchen hatte man schon über 30 Hexen den Prozess gemacht. Warum sollten die Hexen die Schongauer Gegend verschonen? Die Obrigkeit musste endlich hart gegen die »Unholden« durchgreifen. Dies forderten die Dorfbewohner von Schwabsoien, die im Juni 1588 von einem Hagelschlag besonders schwer getroffen worden waren, vom Landrichter in Schongau. Nun begannen die juristischen Mühlen zu mahlen. Zauberei zum Schaden der Leute war ein todeswürdiges Verbrechen. Die »Hexen« richteten nicht nur materiellen Schaden an. Nach damaliger Auffassung handelte es sich um eine Sekte, deren Mitglieder sich regelmäßig trafen und austauschten, die ihre Künste aber nur vollbringen konnten, weil sie im Bunde mit dem Teufel standen, seine »Buhlen« waren. Dies war nicht nur Volksmeinung, auch die Gelehrten waren von der Existenz der Hexen überzeugt.

Im Sommer 1589 ließ der Schongauer Landrichter auf Weisung Herzog Ferdinands die ersten Hexen aus der Umgebung festnehmen. Während der Verhöre saßen sie im fünfstöckigen Faul- oder Feichlturm ein, von dem heute nur noch ein Überrest zu sehen ist, da der Turm 1704 im Spanischen Erbfolgekrieg von den Habsburgern gesprengt wurde.

Eine der ersten Verhafteten war Anna Weiss aus Peiting, der mehrere Unwetter zur Last gelegt wurden. Sie hatte bei einem Bauern erst auf nachdrückliches Bitten Milch erhalten. Später vernichtete ein Hagelschlag Hof und Ernte, während der Nachbarhof verschont blieb. Der Bauer hatte sofort Anna Weiss im Verdacht, an seinem Unglück schuld zu sein. Bei der Hausdurchsuchung fand man bei Anna Weiss viel »Verdächtiges«. Neben Salben, Kräutern und Pulver ein kleines hölzernes Pferd, dessen

An dieser Stelle stand der so genannte Faul- oder Feichlturm, das Hexengefängnis.

Hinterhufe zusammengebunden waren, ein Kissen, gefüllt mit Kohle, Federn, Wurzeln, dem Johannes-Evangelium und einem Stück Menschenhaut, eine Kapsel mit einer Hostie – all dies konnte nur heißen, dass die Anna Weiss eine Zauberin, eine »Hexe« war.

Unter der Folter »gestand« die Beschuldigte das zur Last gelegte Teufelswerk: Unter anderem habe sie mit Zaubersalbe, die sie vom Teufel erhalten hatte, ein Kind, fünf eigene Kühe und über 50 Stück fremdes Vieh getötet. Des Öfteren sei sie ausgefahren, habe sich mit dem Teufel und anderen Gespielinnen getroffen. Dort sei zum Tanze aufgespielt worden, Speis und Trank habe es gegeben.

Anna Weiss wurde zum Tode verurteilt, enthauptet, ihr Leichnam verbrannt. Sie war eine von 63 Frauen aus Schongau und Umgebung, denen in den Jahren 1589 bis 1592 der Prozess gemacht und die hingerichtet wurden. Der Schongauer Prozess war der größte Hexenprozess im Herzogtum Bayern. Die Opfer waren ausnahmslos Frauen und die meisten waren unvermögend. Ihren Angehörigen wurden deshalb die Prozesskosten ganz oder teilweise erlassen.

In den Schongauer Prozessen erwarb sich der Scharfrichter Jörg Abriel einen zweifelhaften Ruhm. Er war gelehriger Schüler des Biberacher Meisters bei der Anwendung der juristisch umstrittenen Hexenprobe, bei der Suche nach körperlichen Hexenmalen. Später wurde Abriel bei auswärtigen Hexenprozessen als Experte für Verhör- und Folterpraxis gerufen.

Das Phänomen der Hexenprozesse gab es etwa 250 Jahre lang, ungefähr von 1500 bis 1750. Zunächst gerieten vor allem Außenseiterinnen aus den unteren Schichten mit schlechtem Leumund in den Verdacht, Hexen zu sein. Später, mit der Ausweitung der Prozesse, wurden auch Mitglieder aus bürgerlichen Schichten mit einbezogen. Anfangs waren die Opfer Frauen, der Anteil der Männer stieg im Lauf der Zeit auf etwa 20 bis 25 Prozent an. Seriöse Schätzungen beziffern die Zahl der Hinrichtungen in Deutschland auf etwa 30.000. Erst im ausgehenden 18. Jahrhundert führte die Kritik der Zeitgenossen zum Ende der Hexenprozesse.

Eva Strauß

Fundort: Der Rumpf des Feichl- oder Hexenturms in Schongau steht an der südwestlichen Stadtmauer.

Anfahrt: *Kfz:* Schongau liegt an der B 17, zu Fuß in die Altstadt. *ÖPNV:* Vom Bahnhof Schongau in die Altstadt, am Lindenplatz durch den ehemaligen Polizeidienerturm, dann rechts an der Stadtmauer entlang, nach ca. 100 m steht man vor dem Rumpf des Turms.

20 Die gläsernen Ringe
Das Brunnenhaus in Wessobrunn

»Endlich öffnete ich das schwere Tor, setzte mich auf den Beckenrand und schauderte beim Anblick des stillen, klaren Wassers. Dann hob ich einen kleinen Stein auf und warf ihn mitten auf den Spiegel, zweifelnd ob dieses magische Spiel noch seine Kraft besäße. Die gläsernen Ringe eilten lautlos über das Wasser, glitten zurück, überschnitten sich und bildeten wunderbar strenge Muster. Da erkannte ich zum ersten Male, daß nicht das wirre dunkle Leiden der Kreatur, sondern das scharfe klare Gesetz des Geistes mein Leben leiten würde.« Mit diesen Sätzen endet Luise Rinsers erster, stark autobiographisch geprägter Roman »Die gläsernen Ringe«.

Der Ort dieses Erlebnisses ist das Brunnenhaus in Wessobrunn: Drei Quellen werden hier gefasst, drei Bögen führen ins Innere des barocken Bauwerks. Fische ziehen ihre Runden, Tafeln erinnern an die ehrwürdige Geschichte des Orts – still ist es hier. Eine der Tafeln erzählt die Legende der drei Quellen, die ein Jäger namens Wezzo nach einem Traum des Herzogs Tassilo vor mehr als 1.200 Jahren entdeckt haben soll. Der Traum und die heilige Dreizahl der Quellen sollen Tassilo bewogen haben, hier ein Kloster zu gründen, das nach dem Entdecker der Quellen Wezzobrunnen genannt wurde.

Das Brunnenhaus und die alte Klosteranlage waren das Wunderland des Mädchens Luise Rinser. Hierher kam es immer wieder, als es mit seiner Mutter während des Ersten Weltkriegs im nahen Pfarrhaus lebte. Der Großonkel war hier Pfarrer und er wohnte im schönsten Pfarrhaus weit und breit: im Prälatentrakt der einstigen Benediktinerabtei Wessobrunn. Hier staunte das Mädchen angesichts des herrlichen Stucks, übte sich mit der Lektüre uralter geistlicher Werke im Lesen, spielte mit den Dorfkindern und warf Steine in die Wasserbecken der drei Quellen.

Nicht zuletzt ist der Ort der gläsernen Ringe das Kloster Wessobrunn, Stätte des Wessobrunner Gebets und Heimat der Wessobrunner Stuckateure. Zwar heißt das Kloster im Roman der 29-jährigen Schriftstellerin St. Georgen, aber wer die Biographie Luise Rinsers kennt – und vor allem: wer Wessobrunn kennt –, weiß: Es ist Wessobrunn. »Meine Heimat ist nur in mir selbst, aber Wessobrunn ist meine geistige Heimat«, stellte Luise

Die drei Bögen des Brunnenhauses verweisen auf die drei Quellen.

Rinser Jahrzehnte nach ihren Wessobrunner Kindertagen und nach Veröffentlichung der »Gläsernen Ringe« einmal fest. Und hierher, an den Ort ihrer Kindheit und ihres ersten Romans, kehrte sie am Ende ihres Lebens zurück. Die kurz vor ihrem 91. Geburtstag im Jahr 2002 verstorbene Schriftstellerin ist auf eigenen Wunsch auf dem Dorffriedhof bestattet.

Wessobrunn ist bis heute ein verzauberter, ein magischer Ort, abseits des großen Tourismus. Zwar hält manchmal ein Reisebus und entlässt seine kunstbeflissenen Fahrgäste Richtung Fürstentrakt, wo Schwester Georgia sie temperamentvoll durch jene Räume geleitet, die das Mädchen Luise einst alleine durchstreifen durfte. Doch bis ins nahe Brunnenhaus verirrt sich kaum einer der Besucher. Noch ein Blick auf den romanischen Turm, der Luise Rinser an einen vergessenen Schachturm erinnerte, noch eine Stippvisite in der schönen Rokoko-Pfarrkirche – dann ziehen sie weiter Richtung Bus, Richtung Gasthof, manchmal auch zur Dorflinde, wo sie das in Stein gemeißelte althochdeutsche Wessobrunner Gebet studieren. Dabei müssten sie nur wenige Schritte weiter gehen, den Grauen Herzog – den mächtigen romanischen Turm – rechts liegen lassen, dann nach links abbiegen, durch eine Hecke hindurch, und schon wären sie in jener verzauberten Welt der gläsernen Ringe, in der sich das Verweilen lohnt. Gut, dass nur wenige das Brunnenhaus finden. Noch immer kann man hier ungestört im Gras sitzen, den Fischen zuschauen und Luise Rinsers Roman einer Kindheit lesen, um dann einen Stein in den glatten Spiegel der Quellen zu werfen und, die gläsernen Ringe betrachtend, seinen Gedanken nachzuhängen.

Andrea Hähnle

Fundort: Das Brunnenhaus im Kloster Wessobrunn, Klosterhof 4, ist rund um die Uhr frei zugänglich. Im sehenswerten Fürstentrakt und im Tassilosaal werden von den Missionsbenediktinerinnen Führungen angeboten (Auskunft unter Tel. 0 88 09/9 21 10). Am Kiosk kann man den Schlüssel zur Kreuzbergkapelle abholen, die in Luise Rinsers Roman ebenfalls erwähnt wird.

Anfahrt: *Kfz:* Wessobrunn liegt 8 km westlich von Weilheim. *ÖPNV:* Bahnhof Weilheim, von dort mit Bus 9652 oder dem Rad.

21 Paradiesische Zustände

Das Künstlerhaus Gasteiger in Holzhausen

Wer kennt nicht das freche Brunnenbuberl unweit des Stachus in München? Sittenstrengen Bürgern war es lange Zeit ein Dorn im Auge. Prinzregent Luitpold soll den Bildhauer, den gebürtigen Münchner Mathias Gasteiger, persönlich um ein Feigenblatt für die Blöße des Knaben gebeten haben. Doch Gasteiger wehrte dieses Ansinnen erfolgreich ab. Anderen gefiel gerade der Übermut des Nackedeis, und so erhielt das Münchner Brunnenbuberl bald einen Zwillingsbruder im Berliner Tiergarten. Nackt, wie der Künstler sie schuf, spritzen die beiden Figuren nun seit rund hundert Jahren mit Wasser um sich.

Wer den Schöpfer dieses verspielten Jugendstil-Kabinettstücks kennen lernen möchte, hat bei einem Besuch der Villa Gasteiger dazu Gelegenheit. Errichtet in den Jahren vor dem Ersten Weltkrieg, war dieses Anwesen in Holzhausen am Ammersee etliche Jahrzehnte lang der Sommersitz des Künstlers und seiner Frau Anna Sophie.

Am Gartentor wird man von steinernen Rehen empfangen, die die Verwandtschaft mit ihren Artgenossen des Dianabrunnens am Kufsteiner Platz in München – der von Gasteiger gestaltet wurde – nicht leugnen können. Auf einem schmalen Weg, über eine kleine Brücke, vorbei an einem Weiher gelangt man zu der Villa, die in einem großzügigen Landschaftsgarten versteckt liegt. Man kann sich gut vorstellen, wie Mathias Gasteiger und seine Frau den Garten als erweitertes Atelier genutzt haben: er, der Bildhauer, indem er seine Arbeiten dort ausstellte, und Anna Sophie, indem sie sich zu ihren Blumenstillleben inspirieren ließ. Anna Sophie, geborene Meyer, war eine Schülerin des vielseitigen und erfolgreichen Münchner Sezessions-Malers Julius Exter, der 1897 zusammen mit Mathias Gasteiger in der Nähe von Dachau eine Mal- und Bildhauerschule eröffnet hatte. Da ihr als Frau die Kunstakademie verschlossen war, nutzte Anna Sophie, wie zahlreiche andere Frauen, diese private Möglichkeit des Kunststudiums und lernte dort Mathias Gasteiger, den jungen Kollegen ihres Lehrers, kennen. Anna Sophie Gasteiger liebte Blumen und Pflanzen jeder Art und machte sich bald als Blumenmalerin einen Namen. In erster Linie auf sie geht die Anlage des im Landschaftsstil gestal-

Die Villa Gasteiger – ein Sommerparadies für Künstler

teten Parks zurück und auch die Pflege des Staudengartens mit den phantasievollen Blumenkombinationen lag ihr am Herzen. Viele ihrer im Gegenlicht gemalten neoimpressionistischen Blumenbilder sind hier mit Blick auf den Ammersee entstanden.

In der erst jüngst der Öffentlichkeit zugänglich gemachten kleinen Villa sind nicht nur Bauernstube und Jugendstilsalon in originaler Ausstattung zu bewundern, man hat im Atelier und im einstigen Bad zudem eine kleine Ausstellung von Werken des Künstlerehepaares eingerichtet. Von Mathias Gasteiger werden Skulpturen und Bilder in kleinem Format gezeigt, wie etwa die Figurengruppe »Tanz«, die auch als Bronze- und als Gipsguss vorhanden ist, wodurch interessante Vergleiche möglich werden. Neben Blumenstillleben sind von Anna Sophie Gasteiger eine prächtige Ansicht der Villa von Südwesten und ein Motiv am Forellenweiher im Park zu sehen. Gegenstände, die die Künstlerin für ihre Stillleben verwendet hat, ihre Malutensilien und historische Fotografien lassen die Zeit vor beinahe hundert Jahren wieder lebendig werden, als am westlichen Ufer des Ammersees miteinander befreundete Künstler während der Sommermonate ein ungezwungenes Leben führten, sich gegenseitig besuchten und inspirierten. Mitarbeiter der berühmten satirischen Zeitschrift »Simplicissimus« wie Eduard Thöny und Thomas Theodor Heine gehörten dazu oder Mitglieder der bekannten Münchner Künstlervereinigung »Scholle«.

Als Abschluss dieses Ausflugs auf den Spuren Münchner Künstler bietet sich ein Spaziergang zum idyllischen Friedhof bei der Holzhauser Kirche und der Besuch der Gräber von Anna Sophie und Mathias Gasteiger an. Beim nächsten Stadtbummel in München kann man dann dem Brunnenbuberl einen Gruß von seinem Schöpfer ausrichten.

Andrea Hähnle

Fundort: Das Künstlerhaus Gasteiger befindet sich in der Eduard-Thöny-Straße 43, Holzhausen/Gemeinde Utting direkt am Ammersee. Die Villa ist von Apr bis Okt, So 14.00–17.00 geöffnet. Sonderführungen nach Vereinbarung, Tel. 0 81 43/9 30 40. Der Landschaftsgarten ist das ganze Jahr über tagsüber frei zugänglich, ein Teil des Grundstücks wird als Bade- und Liegewiese genutzt.

Anfahrt: *Kfz:* Holzhausen liegt zwischen Utting und Dießen am Westufer des Ammersees. *ÖPNV:* S 5 bis Herrsching, dann mit dem Schiff bis zur Anlegestelle Holzhausen. Von dort sind es nur wenige Min. zu Fuß bis zur Villa.

22 Grabräuber am Ammersee
Der Archäologische Park in Herrsching

Grabräuberei konnte sich früher auch in unseren Breiten lohnen: Gold, Silber, Schmuck, Waffen und andere Wertgegenstände waren der Lohn der Gesetzesbrecher, wenn sie vor dem unheimlichen Geschäft nicht zurückschreckten und sich nicht erwischen ließen. Auch in Herrsching am Ammersee waren einst solche das Tageslicht scheuende Gestalten unterwegs: Ein kleiner Adelsfriedhof am Rande eines Herrengutshofes war dabei ihr Ziel, und das Unternehmen scheint sich gelohnt zu haben.

1.300 Jahre danach wurde an derselben Stelle wieder gegraben: Der Friedhof bei der Herrschinger Kirche St. Nikolaus war für die wachsende Gemeinde zu klein geworden, er sollte erweitert werden. Man schrieb das Jahr 1982, als ein aufmerksamer Baggerführer sich über eine Kiste aus Tuffstein im ansonsten weichen Erdreich wunderte und daraufhin die Archäologen auf den Plan traten. Schon bald stellten sie fest, dass das bei den Baggerarbeiten beschädigte Kistengrab zu einer kleinen Bajuwaren-Nekropole, einem Gräberfeld, gehörte, in der außer vier Kleinkindern und einer Frau vierzehn erwachsene Männer beigesetzt worden waren. Die durchschnittliche Lebensdauer der hier bestatteten Männer hatte 36 Jahre betragen. Drei der Männer waren offenbar Adlige gewesen, die jeweils im Abstand einer Generation gestorben waren: Großvater, Vater und Sohn?

Zunächst war um das Jahr 620 n. Chr. ein Mann beigesetzt worden, dem ein kompletter Waffensatz aus Langschwert, Kurzschwert, Lanze und Schild ins Grab mitgegeben worden war. Als nicht nur waffenfähigen, sondern auch reichen Herrn zeichnete ihn eine weitere Grabbeigabe aus: ein mit vergoldeten Silberbesätzen geschmückter Gürtel aus einer langobardischen Werkstatt. Goldfäden und Goldblechstreifen sowie Bruchstücke eines mit Silberintarsien verzierten Waffengürtels in zwei jüngeren Männergräbern sind Überreste von weiteren reichen Grabbeigaben der beiden folgenden Generationen. Wie schon erwähnt: Frühmittelalterliche Grabräuber hatten hier erfolgreich ihr Glück versucht.

Mit diesen interessanten Funden begnügten sich die Archäologen noch nicht: Sie gruben weiter und entdeckten nicht nur Reste von zwei Kalköfen sowie Pfostengruben, die auf einen

Die rekonstruierte Kirche bildet den Mittelpunkt des Archäologischen Parks.

Herrenhof nordöstlich des Gräberfeldes hinwiesen, sondern auch Fundamentreste einer uralten Steinkirche. Errichtet auf dem Grundriss einer älteren Holzkirche, war sie eine der ersten ländlichen Steinkirchen in ganz Bayern.

Alles deutet darauf hin, dass Herrenhof, Kirche und Friedhof von einer der führenden bajuwarischen Familien der Region, wahrscheinlich von den auch urkundlich erwähnten Huosi, angelegt worden waren. Die drei Männer in den einst reich ausgestatteten Gräbern waren wohl jeweils die Gutsherren des Hofes. Innerhalb der gesellschaftlichen Hierarchie der frühen Bajuwaren müssen sie einen hohen Rang eingenommen haben. Die anderen Toten entstammten dagegen sozial nachgeordneten Bevölkerungsschichten, möglicherweise waren sie Knechte und Gefolgsleute des adligen Hausherrn. Die Frauen wiederum scheinen bis auf eine Ausnahme aus späterer Zeit an einem anderen Bestattungsplatz begraben worden zu sein. Vielleicht befanden sich ihre Gräber bei einem anderen Hof aus dem reichen Streubesitz der Familie, was damals in Adelskreisen durchaus nicht ungewöhnlich war.

Die Freude über den überraschenden Fund war groß, und so beschloss man in Herrsching die Rekonstruktion der Kirche mit Wänden aus Feldsteinen, einem aus Rundhölzern gebauten Dachstuhl und einem strohgedeckten Dach. Das rekonstruierte Kirchlein bildet heute den Mittelpunkt des kleinen Archäologischen Parks in Herrsching und beherbergt Repliken der Grabfunde, darunter der aus Norditalien importierte Repräsentationsgürtel mit den goldverzierten Silberbesätzen, den die frühmittelalterlichen Grabräuber einst übersehen haben.

Andrea Hähnle

Fundort: Der Archäologische Park, Am Mitterweg, in Herrsching ist im Sommer So 10.00–12.00 geöffnet. Öffnungszeiten für Gruppen nach Vereinbarung, Herr Krauth, Tel. 0 81 52/15 00, oder Verkehrsamt Herrsching, Tel. 0 81 52/52 27.

Anfahrt: *Kfz:* Herrsching ist der Hauptort am östlichen Ufer des Ammersees. *ÖPNV:* S 5 nach Herrsching am Ammersee; der Archäologische Park befindet sich hinter dem Friedhof, nicht weit von der Nikolauskirche.

23 Der »Todesmarsch«

Spuren eines Leidensweges zwischen Dachau und Waakirchen

Es gibt Ereignisse in unserer Vergangenheit, an die wir uns nur ungern erinnern. Der »Todesmarsch« der Dachauer KZ-Häftlinge kurz vor Ende des Zweiten Weltkrieges gehört dazu. Erst 44 Jahre nach Kriegsende hat die Gemeinde Gauting als erste die Initiative für die Errichtung von Todesmarschdenkmälern ergriffen. Einige Gemeinden schlossen sich dem Vorschlag an, bei einigen dauerte die Einsicht länger, manche sträuben sich bis heute. Die Bronzeplastik des Künstlers Hubertus von Pilgrim stellt eine Gruppe marschierender Menschen dar. Ein Abguss wurde an die israelische Gedenkstätte in Yad Vashem gegeben. Diese Plastik findet sich – außer in Gauting – mittlerweile in vielen Gemeinden: zum Beispiel in Fürstenfeldbruck, Dachau, Gräfelfing, Planegg, Krailling, Aufkirchen, Wolfratshausen, Geretsried, Grünwald, Bad Tölz, in den Münchner Stadtteilen Allach und Pasing. In weiteren Gemeinden gibt es ähnliche Denkmäler anderer Künstler.

Mitte April 1945, als nicht mehr zu übersehen war, dass der Krieg verloren war, ordnete Himmler an, das Lager Dachau zu evakuieren. Kein Häftling dürfe »lebend in die Hände des Feindes fallen«. Warum machten sich die Nationalsozialisten die »Mühe«, die Häftlinge fortzuschaffen? Es gibt dafür nur eine Erklärung: Die arbeitsfähigen Häftlinge sollten zum Festungsbau in die Alpen nach Tirol gebracht werden. So weit kam es aber nicht mehr.

Etwa 7.000 Häftlinge – Russen, Juden, »Reichsbürger« – verließen am 26. April 1945 Dachau, drei Tage vor der Befreiung des Konzentrationslagers. Ihr Weg führte über Allach, Pasing, Planegg, Krailling, Gauting nach Leutstetten. Dort legten sie am Vormittag des 27. April die erste Rast ein. Gegen Abend ging es weiter Richtung Starnberg und von dort östlich am See vorbei. Auf verschiedenen Wegen wurden die Häftlinge über Bad Tölz nach Waakirchen und nach Rottach-Egern getrieben. Am 1. Mai befreiten die Amerikaner die Häftlinge in Waakirchen, einen Tag später die in Rottach-Egern.

Es gab nicht nur diesen Todesmarsch, es gab mehrere. Außer dem KZ Dachau wurden auch seine verstreut liegenden Außenlager evakuiert. Wie viele Häftlinge unterwegs waren, ist nicht

Im Juli 1989 wurde in Gauting das erste Denkmal für die Opfer des Todesmarsches enthüllt.

bekannt. Schätzungen belaufen sich auf 20.000 KZ-Häftlinge. Auch die Zahl der ums Leben Gekommenen lässt sich nicht mehr beziffern, sie soll in die Tausende gehen.

Der Marsch war eine Tortur. Die Wegzehrung war gering und sehr unterschiedlich. Ein Häftling bekam eine Scheibe Brot, ein Stück Margarine und einen kleinen Würfel Käse, ein anderer eine Konservendose, etwa ein Kilo Brot, etwas Käse und Margarine. Manche gingen leer aus. Augenzeugen erzählten, dass die Häftlinge teilweise Gras vom Wegrand gegessen haben. Die Häftlinge entledigten sich von allem, was sie als Last empfanden: vom Regen durchnässte Decken, Holzpantinen mit abgerissenen Riemen, Mäntel. Ihr Gesundheitszustand verschlechterte sich rapide. Für viele war es ein Marsch in den Tod: Kranke und Erschöpfte wurden erschossen und erschlagen.

Die Reaktionen der Bevölkerung waren unterschiedlich. Es gab Ablehnung und Furcht bei denen, die in den Häftlingen Verbrecher sahen, wie es die Nationalsozialisten propagiert hatten. Aber man hatte auch Mitleid mit den geschundenen Gestalten und steckte ihnen Nahrungsmittel zu, kochte Kartoffeln und Kaffee für sie.

Der »Todesmarsch« führte der Bevölkerung auf dem Land die Grausamkeit und die Verbrechen des NS-Regimes zum Schluss noch einmal drastisch vor Augen.

Eva Strauß

Fundort: Das »Todesmarsch«-Denkmal steht am Eingang zum Gautinger Friedhof in der Planegger Straße am Ortsrand. Weitere Informationen unter www.a-wagner-online.de/todesmarsch/marsch01.htm

Anfahrt: *Kfz:* Gauting liegt zwischen Starnberg und München. *ÖPNV:* S 6 nach Gauting, von dort mit dem Bus oder 1/2 Std. zu Fuß Richtung Planegg.

24 Stehen in Gottes Gnad
Die Preysingsäule in München

Im 17. und 18. Jahrhundert war die Jagd ein wichtiges Symbol adeliger Herrschaft. Sie war fester Bestandteil barocker fürstlicher Repräsentation und viele Wittelsbacher liebten prunkvolle Jagdspektakel. Kurfürst Maximilian II. Emanuel (1662–1726) wollte im Westen der Residenzstadt München ein großes umfriedetes Jagdrevier schaffen und als einzigartige Naturbühne für seine Jagdinszenierungen gestalten. Bereits 1683 bis 1687 ließ er im Forstenrieder Forst Durchhaue oder Geräumte anlegen – schmale, von Wurzeln und Steinen geräumte Wege, die als Sichtachsen dienten. An zentral gelegenen Stellen liefen strahlenförmig sechs oder acht Geräumte auf Sternanlagen zu. 1715, nachdem es ihm endlich gelungen war, das zwischen Schloss Nymphenburg und dem Forstenrieder Forst gelegene Poschetsried zu erwerben, befahl Max Emanuel, den Jagdpark neu anzulegen und einzuzäunen. Der kurfürstliche Hirschjagdpark umfasste später ein Areal mit einem Umfang von 53,7 Kilometern, in dem die Ortschaften Krailling, Planegg, Steinkirchen, Gräfelfing, Lochham, Menzing, Laim, Klein- und Großhadern, Neuried, Martinsried und Forstenried lagen.

Sein Sohn und Nachfolger, Kurfürst Karl Albrecht (1697–1745), teilte die Jagdleidenschaft des Vaters, war doch die Jagd für ihn eine Möglichkeit, dem ständigen Repräsentationszwang durch Flucht in eine künstlich geschaffene, naturnahe Idylle zu entkommen. Das ab 1733 im Forstenrieder Forst errichtete und nach der Lieblingsfarbe des Kurfürsten benannte »Gelbe Haus« war eines von vier abseits gelegenen, farbigen hölzernen Jagdschlösschen. Sie dienten Karl Albrecht und seinen engsten Vertrauten als Unterkunft. Zu diesen zählte Oberststallmeister Johann Maximilian IV. Emanuel Graf von Preysing-Hohenaschau (1687–1764), einer der höchsten bayerischen Würdenträger und Erbauer des gegenüber der Münchner Residenz gelegenen Palais Preysing.

Die Parforcejagd war nicht ungefährlich, sie setzte hohes reiterliches Können voraus und erforderte Gewandtheit, Mut und Ausdauer. Am 29. November 1735 geschah das Unglück. Das Pferd des Grafen Preysing stürzte, überschlug sich und kam dabei zu Tode. Der Reiter wurde erst nach längerer Zeit bewusstlos aufgefunden. Man brachte ihn ins »Gelbe Haus«, wo er mehrere

Jagdunglück mit glücklichem Ende

Tage mit dem Tode rang. Erst zwölf Tage später konnte der Kurfürst seinem Bruder Clemens August, Kurfürst und Erzbischof von Köln, erleichtert melden, der Graf sei außer Gefahr und habe mittlerweile auch das Gedächtnis wiedererlangt.

Preysing führte seine Errettung auf die Muttergottes zu Altötting zurück. Während der Kurfürst zur Danksagung in der dortigen Gnadenkapelle eine silberne Ampel aufhängen ließ, stiftete der Graf eine Votivsäule, die 1739 an der Unfallstelle aufgestellt wurde. Eine etwa vier Meter hohe Pyramide aus rotem Sandstein steht auf einem quadratischen Sockel. Ihre Vorderseite enthält ein eindrucksvolles Relief: Neben dem sich überschlagenden Pferd liegt der Reiter leblos auf dem Rücken, den Kopf leicht nach hinten geneigt. Über diesem Relief und damit in »Blickrichtung« des Leblosen steht unter einem Baldachin die Schwarze Muttergottes von Altötting. Die gegenüberliegende Pyramidenwand zeigt die vom Kurfürsten gestiftete silberne Ampel, unter dieser ein aufgeschlagenes Buch über einem querliegenden Kreuz und einer brennenden Fackel, umgeben von den Worten: »Religio causa voti« (»Religiosität ist der Grund für das Gelübde«). Auf den beiden anderen Seiten des Denkmals schildern zwei Schrifttafeln den Hergang des Jagdunfalls. Über der lateinischen Inschrift, die mit den Zeilen »Feliciter equitat quem gratia Dei portat/Qui stat videat ne cadat« (»Glücklich reitet, wen Gottes Gnade trägt/Wer steht, möge zusehen, dass er nicht falle«) endet, ist ein Brustharnisch mit Helm über einem Schwert und einem geschlossenen Köcher zu sehen. Gegenüber das Wappen der Preysing, darunter die Mahnung: »Der du dißes Lißest Liebe die Göttliche Muetter/So kanst du sicher wandern in der gnad des Göttlichen Kündts«. Und auf den Sockel der Vorderseite ist für alle Vorbeikommenden in großen Buchstaben eingegraben: »Stehen in Gottes gnad/macht stehen allzeit grad«.

Ulrike Ehmann

Fundort: Die Preysingsäule steht im Forstenrieder Park in München, südlich der Staatsstraße zwischen Neuried und Gauting.

Anfahrt: *Kfz:* Ausgeschilderter Parkplatz gegenüber dem Forsthaus Kasten, das nördlich der Staatsstraße Neuried–Gauting liegt. Von dort gelangt man auf dem beschilderten Preysing-Geräumt zum Denkmal (ca. 15 Min. Fußweg). *ÖPNV:* U 3 bis Fürstenried West. Im Forstenrieder Park der Beschilderung nach Forsthaus Kasten folgen. Mit dem Rad benötigt man etwa 30–45 Min., zu Fuß entsprechend länger.

25 Heidnische Göttinnen oder Heilige?

Die Drei Jungfrauen in Leutstetten

Im Würmtal nördlich des Starnberger Sees ranken sich zahlreiche Sagen und Geschichten um drei Frauen aus grauer Vorzeit. Ein Triptychon in der Leutstettener Kirche St. Alto nennt ihre Namen: Ainpet, Gberpet und Firpet. Merkwürdige Namen! Das Gemälde aus der Mitte des 17. Jahrhunderts zeigt sie mit Krone, Heiligenschein und Märtyrerpalme; Ainpet und Gberpet halten als Zeichen ihrer Weisheit geöffnete Bücher in den Händen, die Pfeile in Ainpets und Firpets Händen weisen sie als Helferinnen gegen die Pest aus. Wer waren Ainpet, Gberpet und Firpet? Fromme Frauen, vielleicht Märtyrerinnen aus der Zeit des frühen Christentums? Auf jeden Fall muss es sich um Heilige handeln – schließlich schmückt alle drei ein Heiligenschein!

Nach einer der Leutstettener Sagen hatten die drei unterhalb des quellenreichen Schönbergs westlich der Würm ihre Einsiedelei errichtet. Genau gegenüber von Petersbrunn, wo bis heute eine Kapelle direkt an der B 2 an ein altes Quellheiligtum erinnert, sollen sie gehaust haben: »Ihre Beschäftigung war Beschaulichkeit im Kämmerlein, Kunde und Befestigung der Lehre Christi unter dem Volk: Sie predigten mutig das Wort Gottes und genügten sich an Wurzeln und Kräutern und dem wenigen Brot, das die Milde zugebracht. Auch durch Tat wirkten sie; Heilung der Kranken und ihre Pflege wird noch jetzt ihnen dankbar zugeschrieben«, so hielt Friedrich Panzer Mitte des 19. Jahrhunderts in seinem Buch »Bayerische Sagen und Bräuche« die Erzählungen der Menschen im Würmtal fest. Waren die drei also fromme Wohltäterinnen?

Eine andere Sprache sprechen Geschichten, die den nördlich des Dorfes gelegenen Karlsberg mit den drei Frauen in Verbindung bringen. Die »drei Schlossfräulein vom Karlsberg«, offenbar Schwestern, erscheinen darin als verzauberte Jungfrauen, die um Erlösung flehen: »So nahten sie einst dem Mühlknecht und baten ihn sie zu erlösen; groß werde sein Lohn sein; er müsse aber durch neun eiserne Türen gehen; bei jeder werde er zwar harte Proben zu bestehen haben, allein – alles sei nur Blendwerk. Hierauf traten sie den Rückweg an und die halb weiß, halb schwarze Jungfrau ging nun voran. Aber den Mühlknecht befiel ein Grauen; er floh die wehklagenden Jungfrauen.« Anderen

Das Triptychon mit den »Drei Jungfrauen« erinnert an einen uralten Kult.

Sagen zufolge war der Mühlknecht nicht der Einzige, der den dreien im Wald begegnet ist. Doch keinem gelang jemals ihre Erlösung, keiner errang den als Belohnung versprochenen Schatz im Karlsberg. Alle wurden durch Grauen, durch den Teufel, durch den Spuk des Bösen vertrieben. Die Unheimlichkeit dieser Geschichten um die verzauberten Jungfrauen hat wenig mit frommen Heiligenlegenden gemein. Doch wenn die drei keine Heiligen waren, was waren sie dann?

Verborgene Hinweise auf des Rätsels Lösung gibt es nicht nur im Leutstettener Triptychon und in den Sagen des Würmtals, sondern auch an anderen Orten zwischen Südtirol, wo ihr Kult in Meransen und Klerant bis heute lebendig ist, und dem Rheintal, wo die rätselhaften drei im Wormser Dom als Embede, Willbede und Warbede verehrt wurden. Tatsächlich finden sich im Rheintal einige entscheidende Spuren: so genannte Matronensteine aus römisch-keltischer Zeit, auf denen drei göttliche Frauengestalten abgebildet sind – offenbar Vorläuferinnen von Ainpet, Gberpet und Firpet. Bischof Burchard aus Worms beklagte um das Jahr 1000, dass noch immer Frauen den drei Schwestern göttliche Macht zuschreiben, anstatt sich an Gott zu wenden.

Es scheint so, als habe die Kirche vergeblich versucht, die Verehrung der drei aus vorchristlicher Zeit stammenden Göttinnen zu unterdrücken und habe sie dann stillschweigend als fromme Einsiedlerinnen und Wohltäterinnen in die ohnehin kaum überschaubare Zahl der Heiligen aufgenommen. So fanden sie auch ihren Weg in die Leutstettener Kirche. Von ihren heidnischen Ursprüngen zeugen nur noch vereinzelte Anhaltspunkte und unheimliche Geschichten von seltsamen Schlossfräulein, die bis heute im Karlsberg bei Leutstetten der Erlösung harren.

Andrea Hähnle

Fundort: Die Kirche St. Alto liegt zentral in Leutstetten. Das Triptychon an der südlichen Wand kann tagsüber durch ein Gitter hindurch betrachtet werden.

Anfahrt: *Kfz:* Leutstetten liegt nördlich des Starnberger Sees im Würmtal. *ÖPNV:* S 6 bis Mühltal, dann 15 Min. zu Fuß.

26 Ein ewiges Rätsel

Das Gedenkkreuz für König Ludwig II. im Starnberger See

Als Ludwig II. (1845–1886) im Alter von 18 Jahren seinem Vater Maximilian II. auf den bayerischen Thron folgte, flogen ihm die Herzen der altbayerischen Bevölkerung nur so zu. Doch der Elan des junge Königs ließ schon nach wenigen Jahren nach. Allzu begrenzt erschien ihm seine Stellung als König. Regierungsverantwortung und Repräsentationspflichten wurden ihm auch deshalb mehr und mehr zur Last, weil sie ihn daran hinderten, ganz seinen Passionen zu leben. Ludwig entzog sich der politischen Realität und versenkte sich in die poetischen Traumwelten der Opern Wagners und die Bühnenwelten seiner Schlösser, in denen er sein einsames Herrschertum zelebrierte.

Seinen Ministern war die Abwesenheit des Königs nicht unangenehm, konnten sie dadurch doch weitgehend ungestört der Tagespolitik nachgehen. Erst die königliche Baumanie zwang sie dazu, gegen den König vorzugehen, denn dessen finanzieller Bankrott schien unabwendbar. Ludwig drohte nun damit, das liberale Ministerium zu entlassen und es durch ein konservativ-königstreues zu ersetzen. Daraufhin verbündete sich der leitende Minister Johann von Lutz mit Ludwigs Onkel Prinz Luitpold, um ein Entmündigungsverfahren einzuleiten. Ein von Dr. Bernhard von Gudden, Professor der Psychiatrie, und drei anderen Nervenärzten verfasstes psychiatrisches Gutachten war dafür die Grundlage: »Paranoia« lautete der Befund, welcher die Regierungsunfähigkeit des Königs feststellte.

Der Sturz Ludwigs II. und damit sein tragisch-groteskes Ende nahm in der Nacht vom 9. auf den 10. Juni 1886 in Neuschwanstein seinen Anfang. Eine Kommission sollte dem König die Einsetzung der Regentschaft des Prinzen Luitpold mitteilen und ihn in ärztliche Obhut nehmen. Allerdings ging sie so dilettantisch vor, dass dies fehlschlug. Einer zweiten »Fangkommission« gelang es in der Nacht vom 11. auf den 12. Juni, Ludwig festzunehmen und nach Schloss Berg zu bringen. Der König, der in Neuschwanstein Selbstmordabsichten geäußert hatte, schien sich beruhigt zu haben und durfte am Vormittag des 13. Juni – es war der Pfingstsonntag – in Begleitung Guddens, von zwei Pflegern gefolgt, im Schlosspark spazieren gehen. Bei einem weite-

An dieser Stelle fand man die Leiche des Königs.

ren an diesem Tage unternommenen Spaziergang verzichtete Gudden auf die Begleitung durch Pfleger. König und Arzt verließen gegen 18.30 Uhr bei leichtem Regen das Schloss. Was dann tatsächlich geschah, wie beide endeten, wird sich wohl nie mehr zweifelsfrei klären lassen. Anhand der Spuren wurde rekonstruiert, dass der König mit großen Schritten in den See hineingegangen war. Sein Hut und die beiden noch übereinander gezogenen Röcke wurden später am Ufer gefunden. Gudden scheint ihm gefolgt zu sein, um ihn zurückzuhalten. Ob es zu einem Kampf zwischen den beiden Männern kam und ob Ludwig Gudden erwürgte oder ertränkte, um dann selbst ins Wasser zu gehen, ist ebenso umstritten wie die angebliche geheime Rettungsaktion, die dem König zur Flucht verhelfen sollte. Der Verdacht, Ludwig II. sei ermordet worden, ist Bestandteil der sich bald herausbildenden Ludwigslegende. So wurde der mysteriöse Tod des Königs der Anfang seines zweiten Lebens: Aus den Fluten des Starnberger Sees stieg der »Märchenkönig« als Mythos empor. Ludwig wurde das, was er sich einst selbst gewünscht hatte: »Ein ewiges Rätsel will ich bleiben mir und anderen.«

Im Schlosspark von Berg ließ Prinzregent Luitpold oberhalb der Unglücksstelle eine Votivkapelle erbauen; etwas unterhalb davon befindet sich die von Ludwigs Mutter, Königin Marie, gestiftete Totenleuchte. Die Stelle im flachen Ufergewässer, an der Ludwig den Tod fand, wurde bereits 1887 mit einem liegenden Kreuz bezeichnet. Im November 1918 wurde es von der »Vereinigung König Ludwig II. Deine Treuen« durch ein im Seegrund verankertes, stehendes Holzkreuz ersetzt. Dieses musste wegen Eisschubes und Vandalismus mehrfach erneuert werden. 1986, anlässlich des 100. Todestages, versuchten »Reliquien«-Räuber das Kreuz abzusägen. Damals wurde das heutige, mit Eisenwinkelschienen eingerahmte Teakholzkreuz errichtet.

Ulrike Ehmann

Fundort: Das Gedenkkreuz befindet sich im tägl. bis 22.00 geöffneten Schlosspark in Berg am Ostufer des Starnberger Sees.

Anfahrt: *Kfz:* A 952, Ausfahrt Percha. In Berg am Schlosshotel Berg parken, dem Wegweiser »Votivkapelle« folgen (ca. 30 Min. Fußweg). *ÖPNV:* S-Bahnhof Starnberg, von dort mit dem Rad (ca. 45–60 Min.) oder zu Fuß am Seeufer entlang nach Berg. Beim Schlosshotel Berg ist die Anlegestelle für die von Ostern bis Ende Okt verkehrenden Dampfer: Schifffahrt Starnberger See, Tel. 0 81 51/1 20 23.

27 Königliche Träume

Die Glassäule auf der Roseninsel

König Maximilian II. von Bayern hatte große Pläne: Eine prachtvolle Sommerresidenz am Starnberger See schwebte ihm vor. Der alte Familiensitz der Wittelsbacher am Ostufer, Schloss Berg, war bei weitem nicht repräsentativ genug, und so hatte Maximilian auf der anderen Seite des Sees Land erworben. Auch den zukünftigen Schlosspark im englischen Stil hatte er schon anlegen lassen und in Gedanken sah er dort schon sein Sommerschloss stehen.

Noch störten Schmutz und Baulärm den König bei seinen Träumen, denn außer den Fundamenten war bislang von dem künftigen Prachtbau auf Feldafinger Gemarkung nicht viel zu erkennen. Wollte Maximilian die Landschaft des Starnberger Sees genießen, so zog er sich vorläufig auf die unmittelbar vor dem künftigen Schlossgelände gelegene Roseninsel zurück. Ihren Namen verdankte diese den zahlreichen Rosen, die der König rings um eine in seinem Auftrag errichtete Villa hatte pflanzen lassen. Das für königliche Verhältnisse eher bescheidene Gebäude sollte nach seinen Vorstellungen nicht mehr als ein standesgemäßes Gartenhaus sein. Später einmal wollte er der Inselvilla von dem neuen Sommerschloss aus ab und zu einen Besuch abstatten. Zum Wohnen war das liebevoll ausgestattete Gebäude daher nicht gedacht, es verfügte weder über Schlafzimmer noch über eine Küche.

Im Zentrum des Gartens der Insel stand – inmitten eines Rosenrondells – ein bemerkenswertes Geschenk des preußischen Königs Friedrich Wilhelm IV. an seine Cousine, Maximilians Gemahlin Marie: eine beinahe fünf Meter hohe Säule aus weißen und blauen Glasröhren mit vergoldeten Zinkgussapplikationen. Eine erste Ausführung dieses eigenwilligen Kunstwerks hatte der preußische König zuvor seiner Gemahlin Elisabeth, einer bayerischen Prinzessin, gemacht; die weiß-blauen Farben sollten sie an ihre bayerische Heimat erinnern. Das preußische Königspaar hatte die hübsche Säule im Park von Sanssouci aufstellen lassen. Eine dritte sandte Friedrich Wilhelm IV. seiner Schwester Charlotte, der Frau des russischen Zaren, die sich im Park von Schloss Peterhof bei Sankt Petersburg am Geschenk ihres Bruders erfreute.

Alle drei Glassäulen gerieten im Laufe der folgenden Jahrzehnte vollständig in Vergessenheit und nur dem Zufall ist ihre

»Schwestern« dieser Glassäule stehen in Potsdam und St. Petersburg.

Wiederentdeckung zu verdanken: Mitte der 1990er Jahre wurde mit der Renovierung der kleinen Villa begonnen. Der Fund von losen weißen und blauen Röhren auf dem Speicher des Gebäudes löste zunächst Staunen aus, führte dann aber dank detektivischer Arbeit bis nach Potsdam und Sankt Petersburg. Auch dort wurden Glassäulen-Detektive aktiv, entdeckten weitere Bruchstücke

Schleier, Lilie und Buch weisen Herluca als fromme und weise Frau aus.

von den umtriebigen Frauen mit ihren verrückten Ideen und wollten, »dass a Ruah is«?

Die Gruppe um Herluca löste sich auf, die Frauen verteilten sich auf die Klöster der Umgebung, mit denen sie schon in ihrer Epfacher Zeit Kontakte gepflegt hatten: Einige zogen zu den Benediktinern nach Wessobrunn, andere zu den Augustinerchorherren nach Rottenbuch und Herluca ließ sich mit ihrer Schülerin Charopolis in Bernried nieder. Hier kannte sie Propst Sigebot, den Vorsteher des erst wenige Jahre zuvor gegründeten Augustinerchorherrenstifts, denn dieser war zuvor Pfarrer in Epfach gewesen. Er war damit einverstanden, dass die beiden Frauen eine Klause außerhalb des Stifts errichteten und sich dem geistlichen Leben der Chorherren anschlossen. Vermutlich war er ihr geistlicher Betreuer und Beichtvater, die Gottesdienste besuchten Herluca und Charopolis in der Stiftskirche.

Zwar konnten die beiden als Frauen nicht in das Bernrieder Stift eintreten, doch die Ausstrahlung Herlucas scheint nicht nur ihre Epfacher Anhängerinnen, sondern auch die Bernrieder Chorherren beeindruckt zu haben: Sie bestatteten Herluca nach deren Tod auf dem Stiftsgelände und betteten ihren Leichnam später in den Chor der Stiftskirche um. Noch heute markiert ein kleines Kreuz im Boden des Chores die Stelle, an der ihre Gebeine ruhen. Nur wenige Jahre nach Herlucas Tod verfasste einer der Chorherren ihre Lebensbeschreibung und bald schon wurde die Querdenkerin auch von der Bevölkerung als Selige verehrt. Eine gotische Statue in der einstigen Stiftskirche Bernried stellt Herluca mit Schleier, Buch und Lilie dar. Anders als viele andere Ausstattungsstücke des Stifts konnte die Statue aus den Wirren der Säkularisation gerettet werden. Sie wurde von ihrem ursprünglichen Platz in einem der abgerissenen Gebäude des Stifts in die Kirche gebracht. Hier erinnert sie bis heute an jene ungewöhnliche Frau, die vor neun Jahrhunderten in Bernried am Starnberger See ihre letzte Wirkungsstätte gefunden hat.

Andrea Hähnle

Fundort: Die Pfarrkirche von Bernried liegt in der Nähe des Sees. Sie ist in der Regel tagsüber geöffnet.

Anfahrt: *Kfz:* Bernried liegt westlich des Starnberger Sees. *ÖPNV:* Vom Bahnhof Bernried zum Ortszentrum (15 Min. zu Fuß, ausgeschildert), weiter zur nahe am See gelegenen Kirche.

29 Von Schottland ins Alpenvorland
Die Glocke im Ramsachkircherl bei Murnau

Der Volksmund weiß manches zu erzählen von der kleinen Georgskirche am Rande des Murnauer Mooses: Der berühmte Apostel der Deutschen, der heilige Bonifatius, habe sie geweiht – so die einen. Nein, der heilige Magnus sei es gewesen, der als Missionar im Allgäu tätig war und dabei von Füssen aus bis in die Gegend von Murnau gekommen sei – meinen die anderen. Möglicherweise habe die Kirche St. Georg an der Ramsach zum Kloster Füssen gehört. Von dort aus sei das »Kircherl« dann wohl zum Staffelseekloster gekommen, das sich bis in die Zeit der Ungarnkriege auf der Insel Wörth befand und einige Bedeutung hatte, möglicherweise gar Bischofssitz war. Mit dem ganzen Murnauer Markt zusammen sei die Kirche schließlich 1332 Ettaler Besitz geworden. An dieser Stelle erleichtertes Aufatmen allerseits, denn nun endlich befindet man sich auf historisch sicherem Boden.

Gemeinsamer Kern der verschiedenen und sich manchmal widersprechenden Geschichten ist die Datierung der Kirchengründung in die erste Hälfte des 8. Jahrhunderts, also in die Zeit der Christianisierung des Alpenvorlands. Man ist sich dessen immerhin so sicher, dass eine Inschrift an der Kirchendecke westlich des Hauptfreskos auf das hohe Alter der Kirche verweist. So ist es nicht verwunderlich, dass gar von einer uralten heidnischen Kultstätte die Rede ist. Möglicherweise habe sich an der Stelle des Altars ein heidnischer Opferstein befunden, heißt es.

»Nix gwiß woas ma ned« – so könnte man die Geschichten rund um die Entstehung des Ramsachkircherls zusammenfassen. Manchen Zeitgenossen genügt dies, andere möchten alles ganz genau wissen, und zu deren Freude gibt es neue Fakten: Zu den Besonderheiten der Kirche gehört eine Glocke, die seit Jahrhunderten wenig beachtet neben dem Altar steht. Sie ist nicht besonders groß und auch sonst hält sie auf den ersten Blick keinen Vergleich mit anderen, prächtig gestalteten Glocken aus. Sie ist nicht gegossen, sondern – wie an zwei Nähten zu erkennen ist – aus Eisenblech geschmiedet und im unteren Bereich gar beschädigt worden.

Nach der mündlichen Überlieferung soll die Glocke – passend zu den Geschichten um die Heiligen Bonifatius und Magnus –

In der Georgskirche befindet sich die älteste Glocke Deutschlands.

aus dem 8. Jahrhundert stammen. Machen wir es kurz: Sie stammt tatsächlich aus dieser Zeit, wie erst jüngst nachgewiesen wurde. Und nicht nur das. Sie ist zweifelsfrei nach dem Muster der damals auf Iona geschmiedeten Handglocken konstruiert und gefertigt. Iona, eine im Westen Schottlands gelegene Insel, war damals ein wichtiges Missionszentrum iroschottischer Mönche, deren Missionstätigkeit bis auf das europäische Festland ausstrahlte. Die eher bescheidene Größe der Glocke rührt daher, dass Iona-Glocken Handglocken waren – sie hingen nicht in Glockentürmen, sondern wurden von den umherziehenden Mönchen per Hand geläutet. Auch das Heimatkloster des Bonifatius stand in engem Kontakt zu Iona, und von diesem Heiligen ist ein Schreiben überliefert, in dem er für seine Missionsreise eine Glocke erbittet. Er wird eine Iona-Glocke erhalten haben und war damit wahrscheinlich nicht der einzige Missionar, der mit einer solchen Glocke zur Verkündigung des Christentums die britischen Inseln Richtung Süden verließ.

All dies bedeutet, dass die Ramsach-Glocke die wohl älteste und sakralhistorisch bedeutendste Glocke Deutschlands ist und zu den interessantesten Glocken Europas gehört. Auf dem Festland ist sie die einzige derzeit bekannte Glocke aus dem Bereich der iroschottischen Wandermönche. Aus diesen wissenschaftlichen Ergebnissen ergeben sich nun auch für die Liebhaber von Spekulationen neue Möglichkeiten: Wie kam die Glocke nun eigentlich an den Rand des Murnauer Mooses? Wann? Und durch wen? Wer weiß – vielleicht durch den heiligen Magnus, dessen Heimatkloster St. Gallen enge Kontakte nach Iona hatte. Oder durch den heiligen Bonifatius. Die Diskussion kann also weitergehen.

Andrea Hähnle

Fundort: Das Ramsachkircherl steht südlich von Murnau am Rande des Murnauer Mooses, direkt daneben befindet sich ein kleiner Gasthof mit Biergarten.

Anfahrt: *Kfz:* Murnau am Staffelsee liegt an der B 2. *ÖPNV:* Bahnhof Murnau, weiter zu Fuß (ca. 40 Min.) – vorbei am ausgeschilderten Münterhaus.

30 Malerische Aussichten
Das Grab Gabriele Münters in Murnau

Bei diesem Anblick möchte man zu Pinsel und Palette greifen: Blaugrau schimmern die Berge, das Murnauer Moos schwelgt in Grün und Braun, im Vordergrund strukturieren die Gräber des Friedhofs das Bild. Schweift der Blick weiter nach rechts, kommen Häuser ins Blickfeld. Eines – weiß, gelb und blau – fällt besonders ins Auge, denn es scheint aus der Ferne direkt zum Grab der Malerin herüberzuschauen. Es ist die erst jüngst renovierte »Filla« – so nannten Gabriele Münter und Wassily Kandinsky ihr Sommerhaus. Für die Murnauer war es das »Russenhaus«, denn schließlich wohnte dort »ein Russ mit einer gspinnerten Malerin«.

Das ist lange her. Nach dem berühmten ersten Aufenthalt des Paares in Murnau zusammen mit den befreundeten Malern Marianne von Werefkin und Alexej von Jawlensky im Jahre 1908 kaufte Gabriele Münter im darauf folgenden Sommer die kleine Villa. Damals gingen die Malerinnen und Maler des Münchner Expressionismus hier ein und aus, am Wohnzimmertisch wurde an dem Almanach »Der Blaue Reiter« gefeilt. Bis 1914 lebten Münter und Kandinsky zeitweise in Murnau. Danach trennten sich ihre Wege.

Die Erinnerungen an diese kreative Zeit mit Kandinsky sowie der Wunsch nach Anschluss an die großstädtische Kunstszene führen Gabriele Münter Mitte der zwanziger Jahre in das Büro eines Maklers. Sie möchte das Haus – schon längst ist es für sie nicht mehr »unser Häuserl« – verkaufen oder wenigstens vermieten. Da das Anwesen ohne jeglichen zeitgenössischen Komfort ist, findet sich weder ein Käufer noch ein Mieter. »Hier kann ich nicht frei werden von der Qual des nie gelebten Lebens«, notiert sie in ihrem Tagebuch. Um den Erinnerungen zu entkommen, räumt sie um. Sie schläft »dort, wo WK immer geschlafen hatte … ich schlief gut«. Es hilft nur wenig, noch immer kann sie die Trennung von ihrem einstigen Lebens- und Arbeitspartner nicht verwinden. »Ich glaube doch eigentlich, dass ich meistens schon tot bin«, fasst sie im Alter von 48 Jahren ihre deprimierte Stimmung in Worte.

Daher: weg von Murnau. Berlin. 1927 lernt sie den Kunsthistoriker Johannes Eichner kennen, der ihr Vertrauter wird. Dann Paris. Wieder Berlin. 1931, des Pensionslebens müde, kehrt Münter nach Murnau zurück. Sie lädt Eichner ein: »Mein liiiiiebes Eichn,

Blick vom Grab Gabriele Münters auf ihr Haus

das Haus ist so still und leer ohne Sie!« Er kommt zu Besuch, dann ist sie wieder alleine. Vier Jahre lang geht das so, dann zieht sie wieder nach München, weg von der künstlerischen Isolierung, und beauftragt erneut ein Maklerbüro mit dem Verkauf des Murnauer Hauses. In München geht sie auf Wohnungssuche, 60 Objekte stehen auf ihrer Besichtigungs-Liste.

»Das kann nicht immer so weiter gehen«, mit diesen Worten fällt Johannes Eichner einen auch für Murnau folgenschweren Entschluss. »So bin ich denn entschlossen, mich ... in Ihrem Haus einzunisten.« Dies bedeutet für Münter eine Rückkehr nach Murnau. Sie ist nicht recht überzeugt von diesem Vorschlag und denkt nur ungern an »Murnau mit allen Mängeln und Umständen und Isoliertheit«. Doch auch sie hat keine andere Lösung parat und so ergreift Eichner die Initiative, renoviert das Haus und macht es winterfest. Als Ausgleich für die von ihm übernommenen Renovierungskosten überschreibt Gabriele Münter ihm das Haus. Die »Filla« gehört ihr nicht mehr.

Zwar hat sie diese Entwicklung nur sehr halbherzig mitgetragen, doch jetzt findet sie endlich ihre Ruhe wieder. Nun ist ihr Atelier auch im Winter benutzbar, sie wohnt im Erdgeschoss, Johannes Eichners Wohnung befindet sich im darüber gelegenen Stockwerk. Jetzt ist sie (wieder) in Murnau angekommen. 26 Jahre lebt sie hier noch zusammen mit ihrem Lebensgefährten Johannes Eichner, dem gegenüber sie stets beim »Sie« bleibt. Noch im Alter von 83 Jahren verspürt sie eine »hemmungslose Kreativität«. Den Tod scheut sie nicht: »Ich habe schließlich lange genug gelebt.« Am 19. Mai 1962, im Alter von 85 Jahren, stirbt sie in ihrer »Filla«.

Auf dem Murnauer Friedhof hat sie ihre letzte Ruhestätte gefunden – an einem Platz mit Blick auf ihre »Filla«. Ein Platz, der zum Griff nach Pinsel und Palette reizt und einer großen Malerin würdig ist.

Andrea Hähnle

Fundort: Das Grab Gabriele Münters befindet sich auf dem Murnauer Friedhof bei der St. Nikolauskapelle: Hinter dem Chor der Kirche die Treppe hoch, oberhalb liegt das Grab auf der rechten Seite. Sehenswert sind das Gabriele-Münter-Haus, Kottmüllerallee 6, geöffnet tägl. außer Mo 14.00–17.00, und das Schlossmuseum, Schlosshof 4–5, das über eine Sammlung von Werken Gabriele Münters verfügt, geöffnet tägl. außer Mo, Okt bis Jun 10.00–17.00, Jul bis Sep 10.00–18.00.

Anfahrt: *Kfz:* Murnau liegt an der B 2. Die St. Nikolauskirche ist von weitem zu erkennen. *ÖPNV:* Vom Bahnhof Murnau rund 20 Min. Fußweg zum Friedhof.

31 Schlafhaube aus Otterfell

Vom »kalten Leben« auf der Burg Werdenfels

Den meisten Besuchern präsentiert sich die Ruine von ihrer besten Seite: ein schöner Ausblick für die Alten, »kraxln« für die ganz Jungen, Informationen für die Wissensdurstigen, eine gemütliche Brotzeit in der Berghütte für alle, und das alles nach einem nur halbstündigen Spaziergang.

Die Burg Werdenfels gab einer ganzen Region, der Grafschaft Werdenfels mit den Orten Garmisch, Partenkirchen und Mittenwald, ihren Namen. Vermutlich schon 1219 errichteten die Grafen von Dießen-Andechs die Burg. Dreißig Jahre später wurde das Landgut Garmisch an das Hochstift Freising verkauft, 1294 wurde die Region zur Grafschaft Werdenfels zusammengefasst. Der Bischof war nun Herr über die Untertanen. Als politischer Begriff bedeutete »Hochstift« die weltliche Herrschaft und ist nicht mit dem geistlichen Amt eines Bischofs zu verwechseln.

Der Freisinger Bischof setzte für die Grafschaft einen Pfleger ein, der während seiner Abwesenheit (und das war die meiste Zeit) das Gebiet regierte. Der Pfleger versah eine Reihe von wichtigen Aufgaben: Er war Gerichtsherr und beaufsichtigte die Hinrichtungen in Garmisch, kassierte Abgaben und Steuern, kontrollierte die Gewerbe, rekrutierte im Kriegsfall Truppen, betrieb Wirtschaftspolitik und war dem Bischof rechenschaftspflichtig.

Die Burg war nicht nur Amtssitz, hier wohnten auch der Pfleger und seine Familie. Die Burg wurde immer wieder erweitert und umgebaut. Doch die Lebensbedingungen waren nicht sehr komfortabel. Es gab zwar Wasserleitungen vom Pflegersee in die Burganlage. Aber im Winter muss es »sakrisch« kalt gewesen sein: Ein Inventar führt auf, dass der Pfleger eine Schlafhaube aus Otterfell und eine aus Hirschkalbfell besessen hat.

Anfang des 17. Jahrhunderts holten die Pfleger die Erlaubnis ein, im Winter in Partenkirchen wohnen zu dürfen. 1632, mitten im Dreißigjährigen Krieg, zog der Pfleger in das neu errichtete Amtshaus in der Schwaige Wang. Die Burg war keineswegs sicher und hätte für Verteidigungszwecke erheblich umgebaut werden müssen.

Mitte des 18. Jahrhunderts schließlich übersiedelte der Pfleger nach Garmisch. Von nun an verfiel die Burg. Zeitweise wurde sie als Steinbruch genutzt, sowohl für den Bau der Farchanter als auch der Garmischer Kirche.

Nach der Säkularisation zu Beginn des 19. Jahrhunderts verkaufte der bayerische Staat die Burg, die auch heute noch in Privatbesitz ist. Um die Ruine kümmert sich vor allem eine 1986 gegründete »Interessengemeinschaft zur Erhaltung der Burgruine Werdenfels«.

Damals, als die Pfleger noch auf der Burg lebten, gab es dort auch ein Verließ für Verbrecher und solche, die man dafür hielt. Sie wurden hier verhört und warteten auf ihren Prozess. Der berüchtigtste Pfleger, Kaspar Poißl, ließ in seiner Amtszeit einer ganzen Reihe von »Hexen« den Prozess machen – zwischen 1589 und 1592 wurden 50 Frauen und ein Mann als »Hexen« getötet. Die zahlreichen Gefangenen, die wegen Wilderei festgesetzt wurden, mussten nicht die Todesstrafe fürchten. »Schuld« an der hohen Zahl von Wilderern war die in den 1560er Jahren vom Bischof erlassene neue Jagdordnung. War es zuvor den Werdenfelsern erlaubt gewesen, »Gemsen, Hasen, Hühner, Bären, Schweine und Eichhörnchen« zu jagen, so wurde nun die Jagd gänzlich verboten – ein Gesetz, das die Bevölkerung beharrlich ignorierte.

Im Sagenschatz um die Burg Werdenfels findet sich die Erzählung von einer »Weißen Frau«. Sie handelt vom Geist einer hartherzigen Pflegerfrau, die das Personal gequält, hungrigen Wanderern nichts zu essen gegeben, selbst aber in Saus und Braus gelebt hatte. Zur Strafe für ihren unchristlichen Lebenswandel muss sie auf ewig umgehen. Einmal hatte ein Garmischer Bursch die Nacht vor Kirchweih gewildert, einen Rehbock erlegt und wollte gerade das ausgeweidete Tier zu Tale tragen. Er machte bei der Ruine Werdenfels Rast und plötzlich hatte er das Gefühl, nicht allein zu sein. Als er nach links blickte, sah er eine große, in weißes Leinen gekleidete Gestalt: die »Weiße Frau« von Werdenfels. Sie trug einen riesigen Schlüsselbund in der Hand und wollte den Burschen tiefer in das Ruinengelände locken. Der Bursche geriet in Panik, ließ seinen Rehbock und seine Büchse fallen und rannte angsterfüllt den Hang hinab. Ob er jemals wieder wildern ging?

Eva Strauß

Seit über 15 Jahren bemüht sich ein Verein um den Erhalt der Ruine.

Das Marterl erinnert an den Tod beim Triften.

verordnungen. Vierzig Prozent des auf dem Wasserweg beförderten Holzes wurden Mitte des 19. Jahrhunderts in Bayern getriftet. Nicht nur in schwer zugänglichen Gebirgsklammen, sondern auf allen Flüssen, vor allem auf dem Regen, der Ilz und der Isar. Der Niedergang kam mit der Industrialisierung, als der Waren- und auch der Holztransport vom Wasser auf die Schiene

Der Löwe von Waakirchen erinnert an die Sendlinger Bauernschlacht.

wohl er sichtlich schwer verletzt ist, hält er die bayerische Fahne noch aufrecht in seiner linken Hand. Eine Stickerei auf seiner Kleidung weist ihn als »B. M.« aus, als Balthasar Mayr, der Überlieferung nach einer der Anführer der aufständischen Oberländer, bekannt auch als »Schmied von Kochel«. Eine wahrer Riese soll er gewesen sein, mit seiner unglaublichen Kraft soll er das

Brunnen in der St. Quirinskapelle

see einen geistlichen wie baulichen Niedergang; zum Schluss stürzte sogar der Chor der Klosterkirche ein. Die Wende kam mit Kaspar Ayndorffer, der 1426 als 24-Jähriger das Amt des Abtes übernahm. Er führte Reformen durch, renovierte den Klosterbau und ließ die hölzerne Kapelle in St. Quirin durch einen gemauerten Bau ersetzen.

Der Abt hatte das Glück der Tüchtigen – es erstaunt nicht, dass abermals ein »Wunder« geschah. Sei es um 1430 oder um 1440 gewesen, als ein Mönch, der in St. Quirin die Messe gelesen hatte, aus der Kapelle trat und auf dem See, der damals bis zur Kapelle heranreichte, einen Ölfilm entdeckte. Der Mönch stieg in ein Boot, ruderte ans andere Ufer und fand die Quelle. Der Klosterapotheker untersuchte das Öl, es war Erd- oder »Steinöl«. Auch hier erkannte man sofort seine Heilkraft. Der geschäftstüchtige Abt Ayndorffer ließ die neue Quelle fassen, weihte auch das Öl dem heiligen Quirin und vertrieb das Quirinusöl in Fläschchen.

Von der engen Verbundenheit mit dem Kloster Tegernsee profitierte die Kapelle wiederum im 17. Jahrhundert. Bevor man im Kloster die barocke Umgestaltung in Angriff nahm, zeigten die Stuckateure ihre Kunst im Kleinen in der Quirinskapelle. Aus dieser Zeit (1674–1676) stammt auch der Marmorbrunnen mit der Seilwinde, der von der Figur des heiligen Quirin bekrönt wird.

Quirin war auch »Pate« für die dritte Heilquelle im Tegernseer Tal. Mit der Säkularisation wurde Kloster Tegernsee aufgehoben. Die Ölquelle fiel wie alles andere in den Besitz des Staates. Die Bohrungen nach Öl wurden in den 1820er Jahren wieder aufgenommen, wegen mangelnder Rentabilität aber 1840 eingestellt. In den 1880er Jahren wurden nochmals Bohrversuche unternommen. Es fand sich zwar Erdöl, eine ertragreiche Gewinnung war jedoch letztlich nicht möglich. Bei Bohrungen stieß man aber 1909 auf die größte Jod-Schwefelquelle Deutschlands. Deren Heilkraft wurde sofort erkannt und begründete den Ruf und Reichtum des neuen Bades am Tegernsee, Bad Wiessee.

Eva Strauß

Fundort: Die St.-Quirin-Kapelle liegt zwischen Gmund und Tegernsee, Richtung Tegernsee auf der linken Seite.
Anfahrt: *Kfz:* Staatsstraße von Tegernsee nach Gmund. *ÖPNV:* Vom Bahnhof Gmund oder Tegernsee mit dem Bus, RVO-Haltestelle St. Quirin oder vom Bahnhof Tegernsee 20 Min. zu Fuß.

37 »Es war ein Schütz in seinen schönsten Jahren ...«

Der Wildschütz Jennerwein aus Schliersee

Der Beginn des »Jennerwein-Liedes« aus Kiem Paulis »Sammlung Oberbayerischer Volkslieder« weist bereits auf den frühen und gewaltsamen Tod des Wilderers Georg (Girgl) Jennerwein hin: »Es war ein Schütz in seinen schönsten Jahren, er wurde weggeputzt von dieser Welt ...« Sein Grab im Schlierseer Ortsteil Westenhofen wird viel besucht. Verfehlen kann man es nicht, das große Holzkreuz mit dem Bild des Wildschützen. Die kleine Tafel darunter liefert einen Hinweis auf die Verehrung, die Jennerwein bis heute genießt: »Bitte!! Keinen Kult an diesem Grab!! Keine Blumengebinde«. Jennerwein verdankt seine Berühmtheit – um die Jahrhundertwende zierte sein Konterfei Pfeifenköpfe, Bierkrugdeckel, Suppenteller – ausschließlich den Umständen seines Todes. Er war jung, 29 Jahre alt, und er wurde ermordet – hinterrücks von einem Jäger. Der Stoff, aus dem Legenden sind ...

Georg Jennerwein war der uneheliche Sohn von Maria Jennerwein, der Tochter eines Kleinbauern. Er arbeitete als Holzknecht in der Schlierseer Gegend. Holzknechte waren harte Burschen, sie kannten jeden Steig, jeden Grat, wussten, wo das Wild sich aufhält. Kein Wunder also, dass etliche mit dem Wildern begannen. So auch Jennerwein. Und nicht nur, dass er wilderte und alle es wussten, er hatte auch ein loses Mundwerk. Einem Jäger zeigte er seinen Gamsbart mit den Worten: »Schau, Jager, solch schöne Buschen wachsen in meinem Garten.« An den Wochentagen blieben die Holzknechte im Wald auf den Bergen, nur sonntags kamen sie ins Dorfwirtshaus oder besuchten die Sennerinnen auf den Almen. Der »Girgl« war bei den Mädchen beliebt und das brachte ihn, so wird erzählt, wegen einer schönen Sennerin mit dem Jagdgehilfen Pföderl in Konflikt. Ob diese Geschichte stimmt, ist nicht belegt. Sicher ist aber, dass Jennerwein den Pföderl verspottete, wo immer es möglich war, und so die Feindschaft schürte.

Es war am 6. November 1877, dem Leonharditag. Georg Jennerwein saß ahnungslos am Peißenberg auf einem Baumstumpf, die Büchse quer über die Knie gelegt, als ihn die Kugel des Jagdgehilfen von hinten traf. Anfangs machte man sich am Schliersee keine Gedanken um den Verbleib Jennerweins, aber nach ein paar Tagen wurde man unruhig und misstrauisch. Schließ-

Grab des Wilderers Georg Jennerwein in Schliersee

lich machten sich Suchkommandos auf. Erst nach sieben Tagen fand man ihn, am 13. November.

Es muss ein grausiger Anblick gewesen sein. Der Kopf war verstümmelt, der Unterkiefer zerschmettert, ein Teil der Wange fehlte. Schuh und Strümpfe des rechten Fußes lagen neben der Leiche, die große Zehe war in den Abzugsbügel des Gewehres geklemmt, der Lauf zeigte auf das Kinn. Selbstmord? Aber warum? Dann entdeckte man die Schusswunde im Rücken und allen war klar, hier war ein ebenso rücksichtsloser wie dummer Mord geschehen. Sofort kamen die Jäger in Verdacht. Zuerst allerdings der falsche, der Jäger Lerchenauer. Niemand weiß, wie das ausgegangen wäre – Lerchenauer wurde zweimal aus dem Hinterhalt beschossen –, hätten sich nicht der Bauer Sumperer und die alte Stauchin eingemischt und bestätigt, dass Lerchenauer an diesem Tag am Wallberg gewesen war.

Es dauerte noch eine Weile, bis der Jagdgehilfe Pföderl die Tat zugeben musste. Aber er fand milde Richter. Heruntergespielt wurden die Umstände der Tat. Pföderl hatte den tödlichen Schuss von hinten abgegeben, später war er zurückgekommen und hatte durch die beiden Schüsse in den Kopf einen Selbstmord vortäuschen wollen. Dem Jagdgehilfen wurden seine Tüchtigkeit und auch die Gefährlichkeit seines Berufes hoch angerechnet. Die Anklage wegen Mord wurde fallen gelassen, das Urteil lautete auf lediglich acht Monate Gefängnis.

Nach seiner Entlassung wurde er Jagdgehilfe in Valepp über dem Spitzingsee. Die Strafe, die seine Landsleute für ihn bereithielten, war schlimmer als das Gerichtsurteil. Überall schlug ihm Verachtung entgegen, niemand wollte mit ihm mehr etwas zu tun haben. Pföderl starb – vereinsamt und dem Alkohol ergeben – 1889 im Tegernseer Krankenhaus.

Um den Wildschützen aber rankten sich Legenden und er wurde mehr und mehr zum Helden. Vor wenigen Jahren noch trafen sich am Todestag Burschen mit geschwärzten Gesichtern am Grab und sangen das Jennerwein-Lied. Ob der Appell am Grab, hier keinen Kult zu betreiben, seine Wirkung getan hat oder ob sich nach wie vor »Fans« an seinem Gedenktag hier zusammenfinden – wer weiß ...

Ingrid Reuther

Fundort: Grab des Jennerwein in Schliersee-Westenhofen.
Anfahrt: *Kfz:* A 8 Ausfahrt Weyarn, Friedhof im Schlierseer Ortsteil Westenhofen. *ÖPNV:* Ab Bahnhof Schliersee 10 Min. zu Fuß.

38 Bemooste Burgenromantik
Die Ruine Hohenwaldeck über dem Schliersee

200 Meter über dem Schliersee, bei den Überresten der ehemaligen Burg Hohenwaldeck, genießen Wanderer einen prächtigen Blick auf den See. Zwar ist der Burgplatz bereits seit beinahe 600 Jahren verlassen, aber er hat doch einer mehrhundertjährigen Herrschaft den Namen gegeben.

Der Name Waldeck taucht erstmals Mitte des 12. Jahrhunderts auf, die Adelsfamilie lässt sich bis in das 11. Jahrhundert zurückverfolgen. Die Waldecker waren zunächst Dienstleute des Freisinger Hochstifts, dem die Gegend um den Schliersee gehörte. Vermutlich waren die Waldecker vom Bistum mit Rodungsarbeiten beauftragt worden und übten Schutzrechte über das erschlossene Land aus, und sie waren auch Vögte des Klosters Schliersee. Das Amt vererbten sie innerhalb der Familie. So war es ihnen möglich, eine eigene lokale Adelsherrschaft zu begründen und auszubauen. Dabei wurde die ursprünglich bischöfliche Macht zunehmend ausgehöhlt. Ihr Streben nach Unabhängigkeit untermauerten die Waldecker, indem sie ihre Burgen befestigten, darunter auch Hohenwaldeck. Diese Burg war wohl Ende des 13. Jahrhunderts dem Freisinger Bischof zum Trotz erbaut worden. 1301 und 1312 taucht ihr Name bei der Schlichtung von Erbstreitigkeiten innerhalb der Waldecker Familie auf.

Für die Wahl der exponierten Burglage über dem Schliersee war sicherlich der Wunsch ausschlaggebend, ein sichtbares Herrschaftssymbol zu errichten. Der Bergsporn war damals nicht so bewaldet wie heute. Aber ein angenehmes Leben ist auf einer solchen Burg schwer vorstellbar. Wer brachte die Nahrungsmittel hinauf? Bei Regen verwandelten sich die Wege in Schlamm. Woher kam das Trinkwasser? Die Brunnenschächte waren keineswegs tief genug, um zum Grundwasser zu gelangen. Schutz gegen feindliche Belagerung bot die Anlage kaum. Wenn Belagerer das Umland in ihrer Hand hatten, war die Burg schnell ausgehungert. Die Lage auf etwa 1.000 Metern war ungünstig in einer Region, in der der Winter mit Eis und Schnee schon früh im Jahr Einzug hält.

So ist es wenig verwunderlich, dass die Burg entweder schon um 1380 oder endgültig um 1420 von ihren Herren verlassen

Die Mauerreste der Burg Hohenwaldeck machen einen verwunschenen Eindruck.

wurde. Mit der Verlegung des Gerichts nach Schliersee hatte sie zudem ihre Verwaltungsfunktion verloren.

1480 riss ein Felsabsturz Teile der Burganlage mit in die Tiefe. Der Rest verfiel in den darauf folgenden Jahrhunderten.

Wie ging es mit den Waldeckern weiter? Nachdem sie ihre weltliche Herrschaft hatten durchsetzen können, waren die bayerischen Herzöge ihre Gegenspieler. Diese versuchten die Oberhoheit über das Gebiet zu beanspruchen. Nachteilig für die Waldecker wirkten sich ihre Erbteilungen aus, die einen Machtausbau beeinträchtigten. Doch Mitte des 15. Jahrhunderts wird Hohenwaldeck als »reichsunmittelbares Gebiet« genannt, das nunmehr einzig den Kaiser als Herrn über sich hatte. Diesen Status bestätigte der Kaiser. Lange konnten sich die Waldecker daran nicht erfreuen, ihr Geschlecht starb schon 1483 aus. Die Herrschaft kam in verschiedene Hände und schließlich stritten der Kaiser und der bayerische Herzog Albrecht IV. um die Oberhoheit über die Waldecker Gebiete. Nachdem Letzterer 1504 verzichtet hatte, verkaufte der Kaiser die Herrschaft an das Adelsgeschlecht der Maxlrainer (Schloss Maxlrain liegt nahe Bad Aibling), und erneut wurde das Reichslehen bestätigt. Die Maxlrainer schlossen mit den bayerischen Herzögen über die Anerkennung verschiedene Abkommen und regelten dabei, dass bei einem Aussterben der männlichen Maxlrainer Linie der Besitz an die Wittelsbacher fallen sollte. Der letzte Maxlrainer starb 1734 und damit fiel die Herrschaft Hohenwaldeck endgültig an die Wittelsbacher.

Eva Strauß

Fundort: Die Reste der Burg Hohenwaldeck bei Fischhausen sind frei zugänglich.

Anfahrt: *Kfz:* A 8, Ausfahrt Weyarn, durch Schliersee nach Fischhausen zum Gasthaus Schnapperwirt (Parkplatz), dann zu Fuß. *ÖPNV:* Bahnstation Fischhausen, über die Gleise zum Schnapperwirt (ca. 10 Min.), dann führt Weg W 6 hinauf zur Ruine (ca. 3/4 Std.) Abstieg alternativ auch nach Schliersee möglich.

39 »Gründerin dieses Ortes«

Gräfin Haziga in Geitau

Kunstsinnige werden im Leitzachtal die gemauerten Kirchen in Bayrischzell und in Fischbachau besichtigen. In beiden Kirchen gibt es an zentraler Stelle – in Fischbachau am Hochaltar, in Bayrischzell am Deckenfresko – Darstellungen, die die Gräfin Haziga bei der Gründung der Zeller Kirche bzw. dem Kloster Fischbachau zeigen.

Haziga ist aber nicht nur in diesen Kirchen präsent, sondern auch in einer unscheinbaren Kapelle in dem kleinen Ort Geitau, der zwischen Bayrischzell und Fischbachau liegt. Von außen gänzlich schmucklos, mit Holzbrettern verkleidet, steht die Kapelle auf der Wiese eines Bauernhofes. Es empfiehlt sich, sich von dem Bauern den Schlüssel geben zu lassen – was gern und ohne Umstände getan wird –, denn die Einzigartigkeit der Kapelle erschließt sich erst von innen. Sie ist mit Bildern überreich ausgestattet. Die meisten sind auf Holz gemalt und stammen vom Beginn des 17. Jahrhunderts. Zum Teil wurden sie nach der Säkularisation aus dem Kloster Fischbachau hierher gebracht. Deutlich ist an einigen Bildnissen zu sehen, dass sie nicht für diesen Kirchenbau gefertigt wurden und später eingefügt worden sind.

An der Dachschräge ist ein großes Tafelbild angebracht, das Gräfin Haziga mit dem Kirchenmodell von Fischbachau in der Hand zeigt, sie also als Stifterin ausweist. Darunter steht in lateinischer Schrift: »Haziga von Aragón, einst Gattin Ottos, Graf von Scheyern, Gründerin dieses Ortes«.

Wer war diese Haziga? Über ihre Herkunft, ihr Geburtsjahr wissen die Historiker nichts. Die meisten Nachrichten überlieferte der Mönch und spätere Abt Konrad von Scheyern, der um 1220 seine Aufzeichnungen verfasste. Bekannt ist, dass Haziga in erster Ehe mit Hermann, dem Grafen von Kastl (in der Oberpfalz), verheiratet war, der um 1050 verstarb. Danach heiratete Haziga den Grafen Otto von Scheyern und gebar drei Söhne. Ihr Urenkel wurde als erster Wittelsbacher Herzog von Bayern.

Hazigas erster Ehemann hatte das Waldland um den Wendelstein für sich und Haziga in Besitz genommen. Nachdem der Wald gerodet worden war und das Land besiedelt werden konnte, kamen zwei Laienbrüder, Otto und Adelprecht, in das Gebiet, lebten als Einsiedler und errichteten eine Kirche bei »Helingersweng«

Gräfin Haziga, Stifterin des Klosters Fischbachau

(heute: Bayrischzell). Auf Verlangen Hazigas und des mit ihr verwandten Freisinger Bischofs wurde die Kirche 1077 geweiht. Haziga suchte die Stätte häufig auf, zusammen mit ihren Söhnen machte sie Stiftungen (Grundbesitz) an diese Kirche. Die Bruderschaft bekam Zulauf und Haziga übertrug die Kirche den Benediktinern in Hirsau (Schwarzwald). Von dort wurde die Klostergemeinschaft reformiert, der Hirsauer Abt schickte zwölf Mönche und zwölf Laienbrüder und trug ihnen auf, nach der Hirsauer Regel zu leben. Die Brüder kamen jedoch mit den Lebensbedingungen nicht zurecht, auch weil sie »wegen der schwierigen Wegverhältnisse und der rauen Wälder die Lebensmittel nicht dorthin zu schaffen vermochten«, wie es der Chronist Konrad von Scheyern vermerkt. Sie wandten sich an Haziga, die mit dem Freisinger Bischof verhandelte und das Gebiet gegen einen geeigneteren Klosterort eintauschte. So wechselten die Mönche von Bayrischzell nach Fischbachau. Dort gab die Gräfin einen weiteren Kirchenbau in Auftrag, der 1087 geweiht wurde, außerdem ließ sie hier das Kloster zu Ehren des heiligen Martin erbauen. Später sorgte Haziga zusammen mit dem Abt dafür, dass das Kloster Fischbachau dem Heiligen Stuhl in Rom direkt unterstellt wurde.

Haziga starb 1103 oder 1104. Obwohl oder auch gerade weil das Kloster weiterhin florierte, meinte der Abt, »dass der Ort Vispach für die mönchische Lebensweise nicht geeignet sei und man in vielen Dingen Beschwernis zu erdulden habe«. Entgegen der benediktinischen Ordensregel, die die Ortsbeständigkeit der Gemeinschaft vorschreibt, zogen die Mönche 1104 abermals um, in die Burg Glaneck am Petersberg bei Dachau. Bereits 1119 erfolgte der nächste und letzte Umzug der Mönche in die Burg Scheyern, welche die Grafenfamilie den Benediktinern überließ. Nach der Verlegung des Klosters nach Scheyern wurde Fischbachau zur Propstei, 1803 wurde mit der Säkularisation das Kloster aufgehoben und so kam das Bild der Ahnherrin in die kleine Kapelle in Geitau.

Eva Strauß

Fundort: Die Kapelle liegt auf dem Anwesen des Gödenbauernhofes, Geitau 36. Der Schlüssel kann beim Bauern geholt werden.

Anfahrt: *Kfz:* Geitau an der Staatsstraße 307 zwischen Miesbach und Bayrischzell. *ÖPNV:* Bahnlinie München–Bayrischzell, Haltestelle Geitau.

Skelettfunde an der Petersbergkirche am Kleinen Madron

Auf dem Friedhof neben der Kirche haben die Archäologen eine interessante Dreifachbestattung gefunden. Mit naturwissenschaftlichen Methoden (u. a. DNA-Analyse) datierte man das Grab ins 15./16. Jahrhundert. In ihm liegen eine Mutter im Alter von etwa 37 oder 38 Jahren und ihre beiden Zwillingstöchter. Während das Gebiss der Mutter auf eine ausgewogene proteinreiche Ernährung schließen lässt, weisen die Kinder Mangelernährung auf. Alle Befunde ergeben, dass die Mutter kurz nach der Geburt verstorben sein muss. Da die beiden Kinder nicht mehr lange lebten, waren sie vermutlich nicht getauft. Die Beerdigung nahe der Kirchenmauer sollte die nachträgliche Taufe durch das herablaufende Regenwasser gewährleisten. Die österliche Wasserweihe schloss auch den auf die Kirche fallenden Regen mit ein. Mit dieser »Regentaufe« sollte verhindert werden, dass der »Geist der Kinder umging«.

Mit der Säkularisation 1803 fiel die Kirche an den Staat. Nur der hartnäckige Protest der Astner Bauern und ihr hoher Einsatz von Geldmitteln verhinderte die geplante Zerstörung der Kirche.

1844 unternahm der Propst am Petersberg, ein 70-jähriger Pfarrer, eine Reise nach Rom und erhielt vom Papst die Gebeine des Katakombenheiligen Viktor sowie eine Reliquie des heiligen Petrus. Die Nonnen von Frauenchiemsee stickten für Viktor einen »Leib« (ein Gewand über das Skelett). Die feierliche Überführung von Gebeinen und Gewand zum Petersberg war eine kostspielige Angelegenheit: 210 Gulden für die Nonnen, 129 Gulden für den Transport (mit Musik, Fährgeld über den Inn, Zeche der Musiker, Schießen, Weihrauch, Errichten von Holzaltären unterwegs etc.)

Unlängst hat ein Anthropologe die Viktorreliquie begutachtet, weil den Archäologen die Proportionen des Leibes seltsam vorkamen. Der Anthropologe warf einen kurzen Blick auf die Gebeine und stellte fest: Vom heiligen Viktor gibt es nur einige Knochensplitter, der Rest ist aus Holz.

Eva Strauß

Fundort: Die Petersbergkirche auf dem Kleinen Madron (847 m) ist tagsüber geöffnet. Das Wirtshaus (ehemaliges Propsteigebäude) lädt zur Brotzeit ein. Informationen zu den Ausgrabungen: www.projektpetersberg.de

Anfahrt: *Kfz:* A 93 Ausfahrt Brannenburg/Flintsbach, durch Flintsbach (Kufsteiner Straße), rechts in den Astenweg, Petersbergweg bis zum Parkplatz. Weiter zu Fuß. *ÖPNV:* Bahnhof Flintsbach, die Bahnhofsstraße zur Innstraße bis zur Kufsteiner Straße, ortsauswärts, rechts in den Astenweg, Petersbergweg zum Parkplatz. Forstweg (ausgeschildert) zur Petersbergkirche (3/4 Std. Fußweg).

42 Der Müllner-Peter von Sachrang
Lebensspuren eines vielseitigen Bergbauern aus dem Chiemgau

Peter Huber ist über die Grenzen seines Dorfes hinaus berühmt geworden. Carl-Oskar Renner verfasste einen Roman über ihn, im Fernsehen lief der dreiteilige Film »Eine Chronik aus den Bergen«. So wurde der Mann aus Sachrang im Priental einem breiten Publikum bekannt. Peter Huber lebte von 1766 bis 1843. Er wuchs im abgeschiedenen Weiler Aschach, Gemeinde Sachrang, auf. Über seine Kindheit ist wenig bekannt, möglicherweise hat er zeitweise ein Gymnasium besucht, vielleicht war er für eine geistliche Laufbahn vorgesehen.

Bekannt wurde er als Müllner-Peter, genannt nach dem Hofnamen, der Mühle in Aschach. Er war aber nicht nur Müller, sondern auch Sägewerksbetreiber und Bauer, Heilkundiger, Musiker, Gemeindevorsteher und Kirchenpfleger. Peter Huber lag auch viel an der Schulbildung der Sachranger Kinder, er besserte mit einer Stiftung das Gehalt des Dorfschullehrers auf.

Als »Doktor« für Mensch und Vieh machte sich Peter Huber weit über Sachrang hinaus einen Namen. Die Aufzeichnungen seiner heilkundlichen Rezepturen und Anwendungen sind heute noch, oder besser gesagt, wieder von Interesse. Eines der wichtigsten Naturheilmittel war für ihn der beißendscharfe Meerrettich. Zur Ausscheidung krankmachender Stoffe, die als Ursache für Infektionen, chronische Entzündungen und Krebsgeschwüre galten, sollte jeden Morgen ein Esslöffel frisch geriebener Meerrettich eingenommen werden. Bei Krätze und Hautausschlägen empfahl er, die befallenen Stellen mit gesalzenem Urin abzuwaschen. Zur Desinfektion von Krankenzimmern verordnete er das Verdampfen eines Kräutersuds aus Raute, Salbei, Minze, Rosmarin und Lavendel, in Weinessig erwärmt und mit Kampfer versetzt.

Peter Huber hatte auch musikalische Talente, war als Organist und Chorleiter tätig. Er beherrschte mehrere Instrumente (Violine, Viola, Cello, Kontrabass, Orgel), sammelte Noten, komponierte geistliche Lieder und kleinere Kirchenwerke. Darüber hinaus eignete er sich Latein, Französisch und Italienisch an und er besaß eine ausgewählte Bibliothek.

Museum im ehemaligen Schulhaus in Sachrang mit Heilkräutergarten

Peter Huber war bereits 47 Jahre alt, als er 1813 die 31-jährige Bauerntochter Maria Hell heiratete. Seine Frau war ebenfalls musikalisch, malte und teilte seine geistigen Interessen. Im Museum sind wohl von ihr persönlich bemalte Aussteuermöbel zu sehen. Die Ehe blieb kinderlos. Maria Hell ertrank 1824 im Alter von 42 Jahren in der Hochwasser führenden Prien. Der Witwer ging keine zweite Ehe ein. Peter Huber konzentrierte sich nach dem Tod seiner Frau auf das Vorhaben, die baufällige Ölbergkapelle, ein altes, sehenswürdiges Wallfahrtskirchlein bei Sachrang, zu restaurieren. Die Kapelle war seit der Säkularisation (1803) immer mehr verfallen. 1834 wurde er Kirchenpfleger und blieb bis zu seinem Tod religiös engagiert.

Im gleichen Jahr adoptierte er den 17-jährigen Sohn seiner Schwester, der musikalisch begabt war, und setzte ihn zu seinem Erben für Mühle, Hof und persönliches Hab und Gut ein. Peter Huber starb 1843 im Alter von 77 Jahren und wurde auf dem Sachranger Friedhof bestattet.

Erst 90 Jahre später begann ein Schullehrer aufzuschreiben, was über den Müllner-Peter erzählt wurde. 1973 gründete sich der »Freundeskreis Müllner-Peter von Sachrang«, der seither alle Zeugnisse aus dem Leben dieses Mannes sammelt. Ein pädagogisch ausgezeichnet gestaltetes Museum in der alten Dorfschule in Sachrang, ein Heilkräutergarten und ein zweistündiger »Öko-Kultur-Wanderweg« informieren über die Lebensverhältnisse, führen zur Mühle in Aschach, zur Ölbergkapelle und zum Grab. Der Weg, der an mehreren Gehöften und Sennhütten vorbeiführt, dokumentiert zugleich die Rettung der Berglandwirtschaft durch die Umstellung auf ökologischen Landbau.

Rita Huber-Sperl

Fundort: Müllner-Peter-Museum, Schulstraße 3, im alten Schulhaus in Sachrang, geöffnet von Apr bis Okt Mo, Do, Sa, So 14.00–17.00, Mi 10.00–12.00, letzter Do im Monat 14.00–19.00, Nov–März geschlossen, Führungen für Gruppen nach Vereinbarung, Tel. 0 80 57/ 3 78. Museum und Wanderweg sind ausgeschildert.

Anfahrt: *Kfz:* A 8, Ausfahrt Frasdorf, nach Aschau im Chiemgau, von dort nach Sachrang. *ÖPNV:* Mo–Sa Busse von Aschau, Felden oder Bernau nach Sachrang, Auskunft: RVO Rosenheim.

43 Ungesühnte Lynchjustiz
Das blutige Ende der Räterepublik in Kolbermoor

Am 4. Mai 1919, morgens um 9 Uhr, endete in Kolbermoor die Räterepublik mit einer Bluttat: Zwölf Weißgardisten ermordeten den Kolbermoorer Volksratsvorsitzenden und Bürgermeister Georg Schuhmann und seinen Sekretär Alois Lahn. Die Revolution, die unter Kurt Eisner im November 1918 ohne Blutvergießen begonnen hatte, radikalisierte sich nach seiner Ermordung im Februar 1919 zunehmend und endete schließlich Anfang Mai 1919 in erbitterten Kämpfen zwischen den »Weißen Garden« und der »Roten Armee«.

Georg Schuhmann, Installateur, war 32 Jahre alt, als er nach Ende des Ersten Weltkrieges am 15. November 1918 als »Soldat in der Sanierung« zu seiner Schwester nach Kolbermoor zog. Acht Tage vorher hatte Kurt Eisner in München die Republik ausgerufen und zur Bildung von Arbeiter-, Soldaten- und Bauernräten aufgerufen. Bayernweit gab es bald 6.000 bis 7.000 Räteorganisationen. In der Arbeiterstadt Kolbermoor gründete sich am 11. November 1918 der »Volksrat Kolbermoor«.

In den Volksratssitzungen waren die katastrophale Versorgungslage, die gerechte Verteilung der Lebensmittel und die zu hohen Preise zentrales Thema. Bald wurde der Volksrat kritisiert, »er schlafe«. Am 8. Januar 1919 kam es zu Neuwahlen. Sechs Vertreter der Arbeiterschaft, ein Lehrer, ein Bürgerlicher und ein Vertreter der Landwirte kamen in den Volksrat. Erster Vorsitzender wurde Georg Schuhmann.

Der neue Volksrat war sehr um soziale Gerechtigkeit bemüht. Unter Schuhmann wurden Schleichhandel und Wucherpreise streng kontrolliert. Einfluss und Ansehen Schuhmanns wuchsen. Bald hielt er im Zimmer des Bürgermeisters regelmäßige Bürostunden ab. Als der Bürgermeister zurücktrat, übernahm Georg Schuhmann die Amtsgeschäfte.

In München überschlugen sich die Ereignisse:

Am 21. Februar 1919 erschoss Graf Anton von Arco-Valley auf offener Straße Kurt Eisner. Die Stadt verwandelte sich in einen brodelnden Hexenkessel. Spartakisten, Kommunisten, Mitglieder der USPD (Unabhängige SPD) und der linken MSPD (Mehrheits-SPD) schlossen sich zum »Zentralrat der Bayerischen

Grab des von Weißgardisten ermordeten Georg Schuhmann

Republik« zusammen und riefen gemeinsam mit dem »Revolutionären Arbeiterrat« am 7. April die Bayerische Räterepublik aus. Sie dauerte ganze sechs Tage.

Am 13. April rissen die Kommunisten nach einem Putschversuch republikanischer Soldaten die Macht an sich, entwaffneten das Bürgertum, bewaffneten das Proletariat und stellten eine »Rote Armee« auf. Die MSPD rief Regierungstruppen sowie die Freikorps, die »Weißen Garden« (= paramilitärische Gruppen), zu Hilfe. Die Antwort der Kommunisten war die Proklamation der »Diktatur der Roten Armee«. In den ersten Maitagen kam es zu wilden Schießereien mit großen Verlusten auf Seiten der »Roten Armee«. Nach dem »roten Terror« wütete jetzt der »weiße Terror«, zuerst in München, dann auf dem Land – und erreichte schließlich auch Kolbermoor.

Am 2. Mai war die Stadt von Truppen eingekreist, Widerstand zwecklos. Georg Schuhmann verhandelte mit Oberst Mieg: Schuhmann sollte sich den Regierungstruppen stellen, in Schutzhaft genommen und nach München gebracht werden. Die Abmachung entpuppte sich als wertlos.

In den frühen Morgenstunden des 4. Mai drang eine Patrouille in die Wohnungen von Georg Schuhmann und des 18-jährigen Alois Lahn ein und misshandelten beide schwer. Alois Lahns Vater berichtete: »Sie warfen ihn gegen den jenseitigen Gartenzaun, wo er sich an einem Pfosten ein Loch in den Kopf schlug. Mir, der ich nachging, wurde mit Erschießen gedroht. Mein Sohn wurde in die Höhe gerissen, mit Gewehrkolben wieder niedergeschlagen, einer schlug ihm mit der Schreibmaschine die Hirnschale ein.« Schuhmann und Lahn wurden zur Tonwerks-Bahnunterführung geschleift und von zwei Angehörigen des Grafinger Freikorps, einem Kunstgewerbeschüler aus München und einem Bäckergehilfen aus Abensberg, erschossen.

Sechs Wochen später ersuchte Lahns Vater das Kriegsministerium um Ermittlung der Umstände. Im Dezember standen die Täter vor Gericht, im Januar 1920 wurden sie freigesprochen. Begründung: Es habe den Tätern das Bewusstsein der Widerrechtlichkeit der Tötung gefehlt bzw. könne ihnen nicht nachgewiesen werden.

An Georg Schuhmann erinnert eine Gedenktafel am Haus Nr. 3 in der nach ihm benannten Straße. Seit 1999 steht an der Stelle, an der die Morde geschahen, eine Gedenktafel. Beide sind auf dem Friedhof in Kolbermoor, nicht weit voneinander entfernt, begraben.

Ingrid Reuther

Fundort: Friedhof an der Ludwigstraße in Kolbermoor und Gedenktafel an Georg Schuhmann in der Georg-Schuhmann-Straße 3, Gedenktafel an die Ermordung am Bahndamm in der Bergstraße auf der anderen Seite der Gleise, durch die Bahnunterführung.

Anfahrt: *Kfz:* A 8, Ausfahrt Rosenheim, Landstraße nach Kolbermoor. *ÖPNV:* Bahnhof Kolbermoor, insgesamt etwa 20 Min. Fußweg zu allen drei Gedenkorten.

44 Ein Gemeinschaftswerk bayerischer Frauen

Das Theresien-Monument in Bad Aibling

»Die Bewohner des k(öniglichen) Landgerichts Rosenheim und theilnehmende Frauen aus allen Gauen Bayerns verewigten hier ihre und ihrer Königin Mutter opfernde Liebe. Am 1. Juni 1835«. Diese Inschrift befindet sich auf der Nordseite des Theresien-Monuments in Bad Aibling. Der Anlass für die Denkmalserrichtung wird in einer Inschrift auf der Ostseite deutlich: »König Ludwigs zweytgeborener Sohn Otto riß sich hier vom Mutterherzen um der Koenig und Retter Griechenlands zu werden. Am 6. Dezember 1832«.

Das Denkmal steht an der Stelle, an der sich Königin Therese von Bayern, Gattin von Ludwig I., von ihrem 17-jährigen Sohn verabschiedete, der als künftiger König die Reise ins befreite Griechenland antrat. Eingeweiht wurde es am 1. Juni 1835, dem Tag der Volljährigkeit des Prinzen.

Wie kam ein Wittelsbacher Prinz auf den griechischen Königsthron? In Griechenland, seit Jahrhunderten unter islamisch-osmanischer Herrschaft, war 1814 eine nationale Befreiungsbewegung aufgekeimt, die zu einem Freiheitskrieg (1821–1829) führte. Zugleich hatte sich mit der Entdeckung der antiken Kulturstätten in vielen Ländern Europas eine Griechenlandbegeisterung ausgebreitet, die auch der bayerische König Ludwig I. teilte. Viele Freiwillige und offizielle Truppen unterstützten den griechischen Befreiungskrieg.

Die europäischen »Schutzmächte« Griechenlands entschieden 1832 in London, dass Ludwigs zweiter Sohn Otto griechischer König werden und Griechenland zu einem »modernen« Staat machen solle. König Otto I. von Griechenland verkannte allerdings die Zeichen der Zeit: Er regierte absolutistisch und verweigerte zu lange politische Mitspracherechte. 1862 wurde er gestürzt und kehrte enttäuscht nach Bayern zurück.

Diesen Verlauf erahnte freilich niemand, als die bayerischen Patrioten 1832 den Prinzen verabschiedeten. Mit der Errichtung von drei Denkmalen sollte an diesen historischen Moment gedacht werden. Eines davon, das Theresien-Monument, entstand zur Erinnerung an den mütterlichen Trennungsschmerz.

Das neugotische Theresien-Monument

Die Gestaltung des Denkmals – den Entwurf fertigte der Architekt Georg Friedrich Ziebland – lässt eher einen religiösen denn einen weltlichen Hintergrund vermuten. Der Form nach gleicht es dem ornamentalen Giebel einer gotischen Kathedrale oder einem steinernen Altaraufsatz, in dessen Mitte eine in Erz gegossene Madonna mit Kind thront. Die »Muttergottes« und die bayerische »Landesmutter« verschmelzen in diesem Bauwerk symbolisch. Am Sockel befinden sich acht Wappen, die die acht bayerischen Kreise repräsentieren. Das Monument stammt aus der Anfangszeit säkularer Denkmalsgestaltung, als die Künstler sich an klassischen oder religiösen Motiven orientierten.

Die Errichtung des Denkmals ging auf private Initiative zurück. Zum einen spendeten die Bewohner des Landgerichts Rosenheim zu diesem Zweck Geld, zum anderen gründete sich ein bayerischer Frauenverein, der Frauen landesweit zur finanziellen Beteiligung aufrief und auf großen Zuspruch stieß. Dies war endlich ein Anlass für Frauen aus Adel, Beamtenschaft und Besitzbürgertum sich zu organisieren, ein gemeinsames Werk auf den Weg zu bringen und die patriotische Gesinnung der »Frauen und Mütter Bayerns« öffentlich zu demonstrieren. Die Frauen der »Honoratioren«, meist Gattinnen von königlichen Beamten, taten sich als Spendensammlerinnen hervor. Die Abwicklung der Vereinsgeschäfte, Kassenführung und Schriftverkehr, überließen sie in »Staats- und Finanzangelegenheiten erfahrenen« Männern. Es ist nicht bekannt, wie viele Frauen sich beteiligten. Wahrscheinlich löste sich der Verein nach der Sammelaktion wieder auf.

Der Aufbruch nach Griechenland wurde mehrfach dargestellt: So ist an der Fassade des Gasthauses Duschlbräu am Aiblinger Marktplatz ein Bild der Trennungsszene zu sehen. In Ottobrunn bei München erinnern die Ottosäule an der Rosenheimer Landstraße und die Ottokapelle bei Kiefersfelden an den Abschied des Prinzen.

Rita Huber-Sperl

Fundort: Das Theresien-Monument befindet sich am westlichen Ortsrand von Bad Aibling, gleich nach der Brücke über die Mangfall. Nähere Informationen zu Otto bietet das König-Otto-von-Griechenland-Museum, Rathausplatz 1, Ottobrunn bei München, geöffnet Do 15.00–18.00, Sa 10.00–13.00 sowie nach Vereinbarung unter Tel. 089/6 08 08-1 04, www.ottobrunn.de

Anfahrt: *Kfz:* A 8, Ausfahrt Bad Aibling. *ÖPNV:* Vom Bahnhof Bad Aibling sind es – durch den Kurpark – ca. 10 Gehmin.

45 Todes- und Himmelsleiter
Die Marterkapelle des Bischofs Emmeram in Kleinhelfendorf

Beim Betreten der Marterkapelle bietet sich dem Besucher eine martialische Szene: Lebensgroße Figuren erheben mit verzerrten Gesichtern ihre Waffen und sind gerade im Begriff, auf einen fast völlig nackten Mann einzuschlagen. Der Mann ist auf eine Leiter gebunden, die auf einem Stein liegt: Das Martyrium des heiligen Emmeram wird in dieser 1789 geschaffenen Figurengruppe drastisch vor Augen geführt.

Wann Emmeram genau lebte, das wissen auch die Historiker nicht: Eine Tradition aus dem 14. Jahrhundert datierte sein Sterben in das Jahr 652. Der Freisinger Bischof Arbeo verfasste Emmerams Lebens- und Leidensgeschichte um 770. Emmeram stammte aus Poitiers in Frankreich und ging als Bischof zur Missionierung nach Bayern. In Regensburg übernahm er das Bischofsamt. Eines Tages, er plante gerade eine Reise nach Rom, wandte sich Ota, die Tochter des Herzogs Theoto in großer Not an ihn. Sie gestand, vom Sohn eines Richters verführt und schwanger geworden zu sein. Nun fürchtete sie die Strafe ihres Vaters, der das Paar sicherlich töten würde. Emmeram trug ihr auf, bei Entdeckung die Schuld auf ihn abzuwälzen und begab sich auf seine Reise. Wenige Tage später wurde Otas Zustand offenbar und sie wurde nach Italien verbannt. Wutentbrannt ritt ihr Bruder Lantperht dem Bischof hinterher, um seine Schwester zu rächen. Er und sein Gefolge erreichten ihn in Kleinhelfendorf. Lantperht schrie: »Heda, unser Bischof und Schwager!«, und erhob schwere Vorwürfe. Emmeram bot ihm an, dass er in Rom seinen Fall vorbringen und dort nach kanonischem Recht über ihn gerichtet werden solle. Lantperht jedoch verweigerte jede weitere Untersuchung und befahl, Emmeram auf der Stelle zu bestrafen. Die Kleider wurden ihm vom Leib gerissen, er wurde in eine Scheune geführt und auf eine Leiter gebunden. Die Leidensgeschichte verzichtet nicht auf die ausführliche Schilderung der Gräuel: Die Fingerglieder wurden Emmeram einzeln abgerissen, die Augen ausgehöhlt, die Ohren abgeschnitten, sein Geschlechtsteil verstümmelt, Hände und Füße abgehackt und schließlich die Zunge abgeschnitten, da Emmeram nicht aufhörte zu beten.

Emmeram in den Fängen seiner Peiniger

Das Martyrium wird vom Biographen in enge Beziehung zur Passion Christi gestellt. Das Leiden ist nicht Selbstzweck, sein tieferer Sinn liegt in der Nachfolge Christi. Emmeram wurde zunächst in Aschheim bei München bestattet. Da aber große Unwetter die Gegend verwüsteten, wurde dies als Zeichen gedeutet, dass der Märtyrer an einem anderen Ort bestattet werden möchte. So überführte man ihn nach Regensburg, wo sein Grab heute noch verehrt wird.

Emmerams Mörder aber fanden keinen Frieden. Lantperht beschloss sein Leben in der Verbannung, die Peiniger verloren den Verstand. Arbeo beschreibt Emmeram als »von hohem Wuchs und schöner Gestalt, mit offenem Blick«. Heiligenlegenden sind immer eindeutig »gefärbt«, der Heilige wird idealisiert und soll den Lebenden ein Vorbild sein.

Da schon im 19. Jahrhundert die Echtheit der Reliquien bezweifelt wurde, ließ der Regensburger Bischof 1978 den Sarg öffnen und die Gebeine untersuchen. Die Anthropologen datierten das Alter des Mannes auf 45 bis 50 Jahre. Er war 1,66 Meter groß, breitschultrig, von kräftiger und muskulöser Gestalt. Die Verstümmelungen, die Emmeram erleiden musste, fanden sich tatsächlich am Skelett: Hände und Füße fehlten, die Unterarmknochen waren mit einem Schwert abgeschlagen worden, das Nasenbein verletzt und das Vordergebiss eingeschlagen. Da der Schädel gut erhalten war, konnte mit kriminalistischen Methoden das Gesicht des Heiligen in Wachs modelliert werden. Die Wachsbüste wird im Depot des Regensburger Diözesanmuseums verwahrt. Nach ihr weist Emmeram im Aussehen große Ähnlichkeiten mit einem Preisboxer auf.

Wer die Kapelle in Kleinhelfendorf besucht, sollte auch die Emmeramsquelle beim Wirtshaus aufsuchen, deren Wasser nie gefriert. Sie zählt zu den »Wundern«, die sich nach dem Tode Emmerams zahlreich ereignet haben sollen.

Eva Strauß

Fundort: Die Marterkapelle in Kleinhelfendorf liegt am Ortsrand; sie ist in der Regel tagsüber geöffnet.

Anfahrt: *Kfz:* Kleinhelfendorf liegt südlich von München, zwischen Aying und Feldkirchen-Westerham. *ÖPNV:* Kleinhelfendorf ist von der S-Bahnstation Großhelfendorf zu Fuß in 20 Min. zu erreichen.

46 Eine außergewöhnliche Wallfahrt

Über das Steinerne Meer nach St. Bartholomä am Königssee

Sinn einer Wallfahrt ist der Weg zu Gott. Der mühevolle innere Weg soll auch nach außen hin sichtbar werden. Geradezu perfekt umgesetzt findet sich dieses katholische Ideal in der Wallfahrt von Maria Alm im Pinzgau (Österreich) über den Gebirgsstock Steinernes Meer nach St. Bartholomä am Königssee. Bis in eine Höhe von 2.000 Metern führt der Weg, der jedes Jahr viele Pilger anzieht.

Die Wallfahrt geht auf ein Pestgelübde der Pfarrei Saalfelden von 1649 zurück. Am Pfingstmontag überquerte man die Berge, setzte über bis Königssee-Dorf und pilgerte weiter zum Marienwallfahrtsort Dürrnberg. Im Laufe der Zeit veränderte sich die Wallfahrt. Weitere Gemeinden schlossen sich an. War St. Bartholomä ursprünglich nur Zwischenstation, wurde schließlich die Kirche selbst das Ziel. Man pilgerte nicht mehr an Pfingsten, sondern zum Kirchweihfest am 24. August zu Ehren des heiligen Bartholomäus zum Königssee. Im Jahre 1688 fand eine Wallfahrt ein tragisches Ende.

100 Wallfahrer aus dem Pinzgau hatten sich am 23. August 1688 auf den Weg gemacht. In einem zwölfstündigen Marsch überquerten sie das Steinerne Meer und erreichten das Ostufer des Königssees. Den heutigen Wanderweg von der Saugasse nach St. Bartholomä legte der Alpenverein erst 1880 an. Früher mussten die Wallfahrer von der Schrainbach-Alm den Viehtriebsteig bis zur Salet-Alm benutzen und ein Stück am Ostufer entlanggehen. An der Reitl-Alm, der schmalsten Seestelle, setzte man nach St. Bartholomä über.

Trotz der vielen Personen bestanden die Berchtesgadener Schiffsleute darauf, nur einmal überzusetzen. »Mit guten Worten, teils aber mit allerhand Schmach und Spott« wurden die Wallfahrer auf das Schiff genötigt, wo durch »Sitzen und Stehen« ein großes Durcheinander entstand. Aus Übermut soll Jakob Droesen aus Zell »das Schiff nicht allein von dem lande allzu grob abgeschoben, sondern auch gleich darauf einen solch ungestümen Sprung in das Schiff getan [haben], dass dasselbe alsobald angefangen habe, Wasser zu gewinnen und folgends zu sinken«. 71 Menschen ertranken.

Die Wallfahrtskapelle St. Batholomä. Im Hintergrund die Ostwand des Watzmanns

Um das Gewissen der Schiffsleute zu erleichtern, erlegte man ihnen eine weite Wallfahrt auf. Auf dem Hochaltar von St. Bartholomä steht ein Bild der Gnadenmadonna aus Mariazell, vermutlich pilgerten sie dorthin und brachten das Bild mit. Ein Jahr nach dem Unglück erging die amtliche Anweisung, in Festzeiten die sichere Schifffahrt der Wallfahrer zu gewährleisten.

St. Bartholomä liegt malerisch auf einem Landstreifen am Fuß der mächtigen Watzmann-Ostwand. Die unzugängliche Au, erreichbar nur über das Gebirge oder den See, ist seit jeher sagenumwoben. Nachts sollen durch einen unterirdischen Gang die Untersberger Männlein dort auftauchen. Heidnische Kulte, wie der Quellkult, konnten sich an diesem abgelegenen Ort lange Zeit halten. Erhielt deshalb die Kirche das höchste Patrozinium, die Allerheiligste Dreifaltigkeit und die Mutter Gottes? 1134 wurde die »Basilika im Königssee« eingeweiht. 1522 wird die

»Kapelle des heiligen Bartholomä über dem Königssee« wieder erwähnt. Zu einem nicht mehr fassbaren Zeitpunkt hatte der heilige Bartholomäus, der Patron der Hirten und Senner, das alte Patrozinium abgelöst. 1690 beklagte sich das Stiftskapitel Berchtesgaden über die kleine Kapelle. St. Bartholomä gleiche einem Götzentempel, man müsse unter freiem Himmel predigen, bei Regen auf dem Heuboden. 1695 wurde die Kirche ausgebaut und erhielt im Wesentlichen ihr jetziges Aussehen mit der formenreichen Dachgestaltung. Die beiden Türme, rund bzw. achteckig, zeugen von den verschiedenen Bauphasen.

Auf der Fahrt über den See genießt man die Bilderbuchlandschaft und lauscht ehrfürchtig dem Echo, das von der Brentenwand (»Echowand«) widerhallt. Kurz nach dem Ablegen passiert man die steil aus dem Wasser aufragende Falkensteinwand. Oberhalb des Wasserspiegels erinnern ein rotes Kreuz und eine Gedenktafel an die ertrunkenen Wallfahrer. Wie die Bootsbegleiter erläutern, soll hier das Schiff während eines Sturms gesunken sein – weitab von Reitl-Alm und St. Bartholomä. Mittlerweile ist dies widerlegt. Unglücks- und Erinnerungsort sind nicht identisch. An der Falkensteinwand wurden nahezu alle Kreuze, Marterl, Gedenktafeln, die an Unglücke auf dem Königssee erinnern, angebracht. Sie eignet sich geradezu ideal dafür. Die markante Wand trug deshalb früher sehr treffend den Namen »Kreuzlwand«.

Ingrid Reuther

Fundort: St. Bartholomä am Königssee ist mit dem Schiff erreichbar. Abfahrtszeiten können bei der Bayerischen Seenschifffahrt GmbH, Tel. 0 86 52/96 36 18 erfragt werden.

Anfahrt: *Kfz:* A 8 bis Piding, über Berchtesgaden zum Königssee. *ÖPNV:* Zug bis Berchtesgaden, Bus RVO 9541 oder 9542 zum Königssee.

»In die Knie« geht der Aufstieg zum Solehochbehälter.

metallene Kolbenpumpe saugte sie dann durch drei Bleirohre heraus und drückte sie in das »Bergstübl«, die Hochreserve, einen hohen, ebenfalls überdachten, unten ummauerten Holzbottich. Von dort lief die Sole in natürlichem Gefälle weiter zum nächsten Brunnhaus. Angetrieben wurden die von Simon Reiffenstuel konstruierten Kolbenpumpen durch sieben Meter hohe oberschlächtige Wasserräder, das dazu nötige Aufschlagwasser wurde aus Bergbächen zu den Brunnhäusern geleitet.

Die Soleleitung bestand aus rund 8.400 Deicheln, etwa vier Meter langen, runden, etwa 30 Zentimeter dicken Fichtenstämmen, die im Kern zwölf Zentimeter ausgehöhlt waren. Sie waren durch Eiseneinsätze miteinander verbunden. Da die Sole wegen ihres hohen Salzgehaltes auch im Winter nicht einfror, lagen die Deicheln auf der ganzen Strecke frei auf dem Boden. Sie mussten häufig erneuert werden, daher verlief neben der Leitung ein Weg für ständige Kontrollgänge, zudem legte man für schnelle Ausbesserungsarbeiten Deicheldepots an.

1619 standen in Traunstein bereits drei von vier Sudhäusern, im August fand das erste Probesieden statt. Die von den Reifenstuels innerhalb zweier Jahre erbaute Soleleitung mit ihren sieben Hebewerken, eine viel bewunderte technische Pionierleistung ihrer Zeit, war bis zu ihrer Erneuerung 1807 ununterbrochen in Betrieb.

Ulrike Ehmann

Fundort: Von der Soleleitung des 17. Jahrhunderts ist wenig erhalten, doch wurden viele Wege, die an ihr entlangführten, als Rad- und Wanderwege ausgebaut. Zu empfehlen ist besonders der 5 km lange Rundweg Inzell–Weißbach mit der »Himmelsleiter«, einer gusseisernen Treppe (426 Stufen!), die das Brunnhaus Nagling mit der einzigen noch erhaltenen Hochreserve verband. Dieser Solehochbehälter ist nur von außen zu besichtigen. Weitere Informationen enthält die Spezialkarte »Salzspuren zwischen Salzach und Inn« (5 Euro), erhältlich beim Tourismusverband Chiemgau e. V., Ludwig-Thoma-Straße 2, Traunstein, Tel. 08 61/5 82 23, Fax 08 61/6 42 95, www.chiemgau-tourismus.de

Anfahrt: *Kfz:* A 8, Ausfahrt Traunstein/Siegsdorf. B 306 bis Inzell, kurz nach Ortsende im Ortsteil Zwing rechts am Café Zwing parken. Dort steht eine Tafel zum Rundweg. *ÖPNV:* Vom Bahnhof Traunstein mit Regionalbus Richtung Bad Reichenhall bis Café Zwing.

49 Aus dem Dornröschenschlaf erwacht
Schloss Pertenstein an der Traun

Um 1290 errichtete Ritter Engelbrecht von Taching auf einem Felsen am Ufer der Traun eine Burg, die er seiner Frau Perchta (Berta) zu Ehren »Per(ch)tenstein« nannte. Perchta von Törring zum Stein hatte den Baugrund 1270 als Mitgift in die Ehe eingebracht, und es soll der »reiche Ehesegen« des Paares – 1304 lebten noch 13 Kinder – gewesen sein, der Engelbrecht zum Bau des neuen Wohnsitzes bewogen hat. 1382 starb der letzte Tachinger zu Pertenstein kinderlos und der Besitz ging an die Törring über; diese bevorzugten jedoch ihre anderen Schlösser. Adam II. von Törring zum Stein brachte von einer Pilgerreise ins Heilige Land 1561/62 als Ehefrau das Innsbrucker Hoffräulein Barbara Lucia von Greiffensee mit. Auch diese Ehe war kinderreich, die Familie lebte allerdings in Schloss Stein. Ein Unglücksfall führte dazu, dass Pertenstein endlich aus seinem Dornröschenschlaf erwachte. Im Dezember 1580 rutschte das Pferd Adams in einer vereisten Gasse in Salzburg aus und stürzte, sein Reiter fand dabei den Tod. Als der älteste Sohn1597 den väterlichen Besitz erbte, erkannte er seiner Mutter Pertenstein als Witwensitz zu. Sie diente Elisabeth von Lothringen, der Gattin Herzog (später Kurfürst) Maximilians I. von Bayern, als Obersthofmeisterin. Nun ließ sie die mittelalterliche Wasserburg zu einem prunkvollen, komfortablen Schloss im Stil der Renaissance umgestalten. Die Baumaßnahmen finanzierte sie selbst. Aufwendig renoviert wurde die Anna-Kapelle im Ostflügel; das Torhaus und der zwei Stockwerke umfassende Westflügel, die Zimmer im Nordflügel und die obere Küche wurden neu errichtet. An der Südseite wurde ein schlanker Schlossturm angebaut. Die Verbindung zwischen dem Turm und den Zimmern des westlichen Schlosstraktes stellten elegante doppelgeschossige Arkadengänge her, die den Trakten zu dem nahezu dreieckigen, kleinen Innenhof hin vorgesetzt wurden. 1610 wurden die lichten Hofarkaden zugemauert, denn die betagte Schlossherrin wollte sich nicht länger der kalten winterlichen Zugluft aussetzen. 1628 erlebte Barbara Lucia noch den hohen Besuch ihrer ehemaligen Herrin, der Kurfürstin Elisabeth von Bayern; am 8. Februar 1632 starb sie im Alter von 98 Jahren.

Der ehemalige Witwensitz wurde zur Kunst- und Kulturstätte.

Erbteilungen innerhalb der Familie, Kriege und Misswirtschaft führten dazu, dass Pertenstein erneut in einen Dämmerzustand versank. 1744 fiel das heruntergekommene Schloss an die Linie Törring-Jettenbach, deren Oberhaupt, Graf Ignaz Felix, schon im Jahr darauf mit der Renovierung begann. Nun wurden fast alle Zimmer prächtig ausgestattet und der dritte Stock des Nordflügels ausgebaut. Doch der barocke Glanz verblasste schnell wieder: Das von seinen Besitzern vernachlässigte Pertenstein geriet abermals in Vergessenheit und drohte zu verfallen. 1969 gründeten engagierte Bürger zur Rettung ihres Schlosses den »Heimatbund Schloss Pertenstein«. Der Verein konnte Pertenstein für 99 Jahre für einen symbolischen Betrag von 50 D-Mark im Jahr pachten und begann mit der Innenrenovierung. Ab 1978 flossen endlich auch öffentliche Gelder, so dass die umfassende Sanierung zur 700-Jahr-Feier 1990 abgeschlossen werden konnte. Ihr Glanzstück ist die Wiederherstellung des Arkadenhofes, der Pertenstein sein heiteres, südländisches Flair verleiht. Die Konzerte und Theateraufführungen dort sind sehr beliebt, die schönsten Räume sind im Rahmen von Ausstellungen, Konzerten und Lesungen zugänglich; außerdem kann das Schloss auch für private Anlässe gemietet werden.

Ulrike Ehmann

Fundort: Schloss Pertenstein, Schlossstraße 4, in Traunreut-Matzing, Führungen nach Vereinbarung unter Tel. 0 86 69/65 00, Fax 0 86 69/7 82 38, www.schloss-pertenstein.de

Anfahrt: *Kfz:* A 8 München-Salzburg, Ausfahrt Grabenstätt, über Chieming nach Matzing, die Bahngleise überqueren, an der nächsten Ampel rechts, Richtung Traunreut, kurz vor der Traunbrücke links in die Allee einbiegen. *ÖPNV:* Vom Bahnhof Traunstein mit dem Bus nach Matzing, Abzweigung Traunreut. Pertenstein liegt am Traun-Alz-Radweg, Informationen: Tourismusverband Chiemgau e. V., Ludwig-Thoma-Straße 2, Traunstein, Tel. 08 61/5 82 23, Fax 08 61/6 42 95, www.chiemgau-tourismus.de

50 Wo der »wilde Heinz von Stein« hauste
Die Höhlenburg Stein an der Traun

Ein Hüne und von furchterweckendem Äußeren soll er gewesen sein, der »wilde Heinz«, der berühmt-berüchtigte Raubritter, Bauernschinder und Mädchenschänder. Er soll in der ersten Hälfte des 13. Jahrhunderts mit seinen »wüsten Gesellen« in der Höhlenburg Stein an der Traun gehaust und von hier aus die Gegend unsicher gemacht haben. Überfälle auf Kaufleute, Misshandlungen von Bauern, Brandschatzungen von Klöstern und Verschleppung von Mädchen und Frauen werden ihm nachgesagt. Ob es den »wilden Heinz« tatsächlich gab oder ob er eine Erfindung des Dramatikers und Exjesuiten Lorenz Hübner ist, der 1782 mit dem Trauerspiel »Hainz von Stein, dem Wilden« ein an schauerlichen Sagen interessiertes Publikum bediente, bleibt fraglich.

Gesichert ist lediglich, dass ein »Heinricus de Toerring« die Bauern schwer drangsaliert haben soll, wie eine Klosterurkunde 1213 mitteilt. Dort heißt es, dass er »die Leute so sehr bedrückt und belästigt, dass viele ... wegen seiner Tyrannei davongelaufen« und die bäuerlichen Güter verlassen haben. 1231 wurde die Burg Stein erstürmt, ihre üblen Bewohner vertrieben. Gleichzeitig wurde ein neuer, durch Stein an der Traun führender Grenzverlauf zwischen Bayern und dem Erzbistum Salzburg festgelegt. Seit 1250 weisen die Quellen das Adelsgeschlecht der Törring als »Herren von Stein« aus. Die sagenumwobene Burg lockt jährlich viele Interessierte an. Bei der Besichtigung der Höhlenburg fällt es nicht schwer, sich gängigen Raubritterphantasien hinzugeben. Die Atmosphäre in den felsigen Gängen, Treppen und Kammern verleitet dazu. Zudem sind die Burgführer redlich bemüht, den Besuchern das Gruseln zu lehren. Nüchterner betrachtet vermittelt die Felsenburg von Stein ein von aller Burgromantik befreites Bild von den mittelalterlichen Wohnverhältnissen und Lebensbedingungen des Ritteradels.

Die Höhlenburg Stein an der Traun ist die größte Anlage dieser Art in Deutschland. Unweit der Stelle, wo die Gebirgsflüsse Traun und Alz zusammenfließen, erhebt sich eine fast 50 Meter hohe und 500 Meter lange Nagelfluhwand, auf der ein schlichter Bau, die »obere Burg«, die auch als »Hochschloss« bezeichnet wird, steht. Es handelt sich um den überirdischen, das Umland überblickenden Teil der Burganlage, dessen heutige Form aus

Blick auf den »Hungerturm« der Höhlenburg Stein

dem frühen 16. Jahrhundert stammt. Der Eingang zur dreigliedrigen Burganlage (die »untere Burg« am Felssockel, die »Höhlenburg« im Felsen, die »obere Burg« auf dem Felsplateau) befindet sich am Fuß des Burgfelsens und führt über eine hölzerne Außentreppe in die »Höhlenburg«. Die Höhlenburg verbindet die untere und obere Burg miteinander. Bei der unteren Burg handelt es sich um ein direkt an die Felswand gerücktes, im späten 19. Jahrhundert im neugotischen Stil modernisiertes Wohngebäude. Es wird heute zusammen mit den Nebengebäuden als Internat genutzt und ist nicht zu besichtigen. In der zugehörigen Schlosskapelle kamen bei Restaurierungsarbeiten Fresken aus der Zeit um 1420/30 zum Vorschein. Auf diese Zeit datieren Fachleute den Bau der unteren Burg und die Anlage der Höhlenburg in der heutigen Größe.

In der Höhlenburg ist der Wehrgang unschwer zu erkennen, dagegen lassen sich die Funktionen der einzelnen Räume nicht zuverlässig bestimmen. Die Bezeichnungen »Tanzsaal«, »Esszimmer«, »Weinkeller« oder »Kammer der gefangenen Frauen« für die steinernen Grotten und Hallen lehnen sich an die Sage vom »wilden Heinz« an und sind willkürlich.

Rita Huber-Sperl

Fundort: Besichtigung der Höhlenburg Stein an der Traun nur mit Führung möglich (festes Schuhwerk ist ratsam), 1. Juni bis 30. Sep tägl. (außer Mo) 13.30 und 15.00, 1. bis 20. Okt Di, Do, Sa, So 13.30, Informationen: Verkehrsamt Stein-Traunreut, Tel. 0 86 69/ 8 57-1 01, www.traunreut.de

Anfahrt: *Kfz:* Stein an der Traun, B 304, 17 km nördlich von Traunstein. *ÖPNV:* Bahnstation Stein an der Traun zwischen Traunstein und Trostberg.

51 Vor den Mauern des antiken Jerusalem stehen …

Das Panorama »Kreuzigung Christi« in Altötting

Vor über 200 Jahren wurde eine neue Dimension des visuellen Erlebens geschaffen. Der irische Maler Robert Barker (1739–1806) erhielt 1787 das Patent auf seine Erfindung des Panoramabildes. 1793 ließ er in London ein Gebäude errichten, um Panoramen auszustellen. Gezeigt wurden überdimensionale Stadt-, Landschafts- und Schlachtenpanoramen, die dem Besucher die Illusion gaben, mitten im Geschehen zu stehen.

In der Zeit vor Erfindung der Kinoleinwand und bewegter Bilder faszinierten »Rundblickbilder« die Zeitgenossen derart, dass Panoramen zu Publikumsattraktionen wurden und rasche Verbreitung fanden. In München gab es um die Jahrhundertwende drei kommerziell betriebene Gebäude für Wanderpanoramen.

Auch in Altötting, dem berühmtesten, Massen von Pilgern anlockenden Wallfahrtsort Bayerns, wurde ein Panorama mit religiöser Thematik als ein lohnendes Unternehmen eingeschätzt. Der Historienmaler Gebhard Fugel (1863–1939) gründete 1902 mit Kollegen eine »Panoramagesellschaft«, die binnen eines Jahres ein zwölfeckiges Panoramagebäude errichtete und den Innenraum mit einem Rundgemälde versah. Am 18. Juli 1903 öffnete das Panorama »Kreuzigung Christi« seine Pforten.

Dem Besucher wird damals wie heute von einer zentralen Plattform aus eine virtuelle Zeitreise nach Palästina vor 2.000 Jahren geboten. An den Wänden des runden Innenraums wird die Silhouette Jerusalems auf einem 12 Meter hohen und 95 Meter breiten, den gesamten Raumumfang ausfüllenden Ölgemälde dargestellt. Auf 1.200 Quadratmetern Leinwand entstand hier ein monumentales Gesamtkunstwerk. Eine Felsenkulisse vor den Wandgemälden macht die Illusion perfekt. Über ein Tonband ist eine Stimme zu hören, die dem Besucher die heiligen Stätten erklärt und vom Sterben Christi auf Golgatha erzählt. Ein wandernder Infrarotpunkt hilft bei der Orientierung. Die Darbietung dauert circa 20 Minuten.

Wer glaubt, an diesem Ort lediglich auf sentimentalen Kitsch zu stoßen, irrt sich. Die hohe künstlerische Qualität der Malerei

Blick von der Besuchertribüne des Altöttinger Panoramas

beeindruckt und zieht den Besucher in ihren Bann. Das mit Eigenmitteln finanzierte Unternehmen wurde nach Fugels Tod von der Familie weiter betrieben und 1996 in eine gemeinnützige öffentliche Stiftung überführt. Das Panorama ist seit der Entstehung permanent in Betrieb und wird derzeit jährlich von rund 30.000 Pilgern und Kunstreisenden besucht.

In Deutschland gibt es noch drei erhaltene und zugängliche Panoramen, in Europa insgesamt etwa 20. Das Altöttinger ist europaweit das einzige im Original erhaltene Panorama religiösen Inhalts. Wegen seiner Einzigartigkeit und seines hohen künstlerischen Niveaus wurde das »Kreuzigung-Christi-Panorama« unter den Kulturgutschutz der UNESCO gestellt.

Rita Huber-Sperl

Fundort: Panorama Altötting, Gebhard-Fugel-Weg 10 in Altötting, geöffnet März bis Okt tägl. 9.00–17.00, Nov bis Feb Sa, So 11.00–14.00, Tel. 0 86 71/69 34, www.panorama-altoetting.de

Anfahrt: *Kfz:* In Altötting ist der Kapellenplatz, das Zentrum der Wallfahrtsstätte, ausgeschildert. Von dort sind es noch ca. 2 Gehmin. zum Kuppelbau des Panoramas. Am besten den offenen Durchgang durch die Gaststätte Scharnagl wählen. *ÖPNV:* Vom Bahnhof Altötting 5 Min. zu Fuß.

52 Ein »Weltläufig-Machungs-Institut«
Die »Kretinenheilanstalt« Ecksberg

Joseph Probst (1815–1884), der Gründer der Behinderteneinrichtung Ecksberg bei Mühldorf am Inn, stammte aus ärmlichen Verhältnissen. Den beruflichen Werdegang vom »Hirtenbub« zum katholischen Pfarrer hat er sich schwer erkämpfen müssen. Vielleicht setzte er sich gerade deshalb mit aller Kraft für andere ein. Sein Lebenswerk galt der Förderung von Kindern mit geistiger Behinderung. Das von ihm 1852 ins Leben gerufene »Weltläufig-Machungs-Institut für verstandesarme Kinder« stellte als erste katholische »Kretinenheilanstalt« Deutschlands ein heilpädagogisches Modellprojekt dar.

Der in Reichersbeuren geborene Häuslersohn und Halbwaise Joseph Probst kam erst mit 14 Jahren auf die Lateinschule in Bad Tölz. Das Studium absolvierte er in München, 1843 wurde er zum Priester geweiht. Er hatte mehrere Stellen als »Hilfspfarrer«, z.B. in Mühldorf. Erste Erfahrungen mit »blödsinnigen« Kindern machte Probst bei der Erziehung eines geistig behinderten Mädchens, das unter seiner Anleitung rasche Lernfortschritte machte. In ihm reifte der Gedanke, eine »Kretinenanstalt« zu gründen. Ein konkretes Vorbild fand er im schweizerischen Abendberg bei Interlaken.

Auf der Suche nach einem geeigneten Ort bewarb er sich 1852 um das einsam über dem Hochufer des Inn gelegene, wenig einträgliche »Benefizium« Ecksberg. Ecksberg war bis zur Säkularisation (1803) eine bekannte Wallfahrtsstätte gewesen. Inzwischen waren die schmucke Barockkirche St. Salvator aus dem 17. Jahrhundert und das Pfarrhaus halb verfallen. Joseph Probst, der mit der Familie des Mühldorfer Bürgermeisters befreundet war, nahm hier sein Vorhaben in Angriff.

Um sein Projekt zu realisieren, suchte er, wie es in einem Zeitungsaufruf von 1852 hieß, »edle Menschenfreunde«, »christliche Brüder und Schwestern«. Es konstituierte sich der »St. Josephs-Hilfsverein«, der erhebliche Mittel aufbrachte. Daneben gründete sich eine katholische Gemeinschaft von ledigen Frauen, die die Arbeit in der Anstalt übernahm. 1872 setzten die Frauen durch, eine einheitliche Schwesterntracht tragen zu dürfen. 1938 wurden daraus die »Ecksberger Schwestern« vom Dritten Orden des heiligen Franziskus mit kirchenrechtlicher Anerkennung. Heute leben noch 118 betagte Mitglieder in Ecksberg.

Blick auf den Hauptbau der Anstalt aus dem Jahr 1907

Joseph Probst erwarb sich als Erzieher, Anstaltsleiter und Verfasser eines heilpädagogischen Lehrbuches großes Ansehen und wurde mit hohen Auszeichnungen gewürdigt. Ein schlichtes Denkmal im Innenhof des Therapiegebäudes ist ihm gewidmet. Ein weiteres Denkmal erinnert an die 248 Bewohner, die 1940/41 im Rahmen des so genannten »Euthanasieprogramms« von den Nationalsozialisten ermordet wurden.

Die Anstalt Ecksberg, die mit einer kleinen Zahl von Kindern angefangen hatte, wuchs schnell. Im Zentrum steht heute der mit einem Turm versehene Hauptbau aus dem Jahr 1907, der schon von weitem zu sehen ist. Daran angebaut ist das Schwesternhaus mit einem malerischen Innenhof und Brunnen. Die Gärtnerei, die Obstbäume, die großen landwirtschaftlichen Ökonomiegebäude und der Bauerngarten zeugen vom Wirtschaftsbetrieb der Anstalt. Ein Fresko am Gutshaus erinnert an den Brand der landwirtschaftlichen Gebäude im Jahr 1911. Etwa zehn Gehminuten entfernt befindet sich in einem stillen Parkwäldchen der Friedhof mit den Gräbern der verstorbenen Pfleglinge und Schwestern.

Die Anstalt ist stetig gewachsen und hat sich den Anforderungen der Zeit angepasst. Heute bieten die modernen Einrichtungen der »Stiftung Ecksberg« knapp 400 dort lebenden und betreuten Menschen mit Behinderung ein Zuhause.

Rita Huber-Sperl

Eher Mahnmal als Denkmal: Aufruf zur Völkerverständigung in Hohenlinden

der Quellen besagt, die Verbündeten hätten 12.000 Mann, die Franzosen 2.500 Mann eingebüßt.

Wie in allen Kriegen wurde vor allem die Zivilbevölkerung stark in Mitleidenschaft gezogen. Die französischen Truppen verfügten über keine Nachschuborganisation oder Magazinverpflegung wie die österreichischen, sondern lebten vom Lande, in dem sie waren. Sie beschlagnahmten und plünderten Lebensmittel, Vieh und Geld und schikanierten die Dorfbewohner. Davon legen viele Votivtafeln in den Kirchen der Umgebung Zeugnis ab.

Von der Schlacht blieb auch der Gasthof zur Post in Hohenlinden, den heute einige Erinnerungstafeln schmücken, nicht verschont. Die Ehefrau des Posthalters schrieb in einem Brief: »Schon anfangs wurden mir von den Österreichern die Planken und Zäune um Wiesen und Felder zusammengerissen, und beides mit den Früchten zugrunde gerichtet. Wein, Bier und Branntwein, wofür nichts bezahlt wurde, konnte ich nicht genug auftreiben ... Heu und Haber wurden mir mit Gewalt genommen, dass ich selbst für mein Vieh nicht einmal mehr Fütterung hatte. Am Tage der Schlacht war um das Posthaus heftiges Kanonenfeuer. Die Kaiserlichen schossen den Nebenbau mit Stallungen in Brand und das Feuer griff so schnell um sich, dass selbst drei von fünf hineingetragenen blessierten Franzosen nicht mehr gerettet werden konnten und verbrennen mussten.«

Obwohl es schon im 19. Jahrhundert Anläufe für ein Denkmal an die Schlacht gegeben hatte, war erst eine Initiative des Kunstschmiedes Bergmeister und des Journalisten Großegesse erfolgreich. 1998 wurde das Denkmal eingeweiht, das zur Völkerverständigung in Europa aufrufen will. So steht je eine Säule symbolisch für die Soldaten aus Frankreich, Österreich, Bayern und das kriegsgequälte Volk. Die Querbalken auf den Kugeln versinnbildlichen die Souveränität der Völker in einem friedlich geeinten Europa. Der Granitstein nennt den Anlass des Kriegsdenkmals. Mit dieser Deutung wird es zugleich zu einem Denkmal für den Frieden.

Eva Strauß

Fundort: Der Weg zum Denkmal ist im Ort ausgeschildert. Ein Museum, Pfarrer-Andrä-Straße 1 in Hohenlinden informiert über die Schlacht (im Untergeschoss der Volkshochschule), geöffnet jeden 1. Sa im Monat 13.00–15.00, www.schlacht-von-hohenlinden.de

Anfahrt: *Kfz:* Hohenlinden liegt an der B 12, Denkmal ausgeschildert. *ÖPNV:* MVV-Bus 469 oder 445 vom Bahnhof Markt Schwaben oder Ebersberg; Haltestelle Gasthaus zur Post, in die Kronacker Straße, 5 Gehmin.

54 »Pyramiden« in Bayern
Eine napoleonische Maßarbeit in Aufkirchen

Mitten auf einem Acker in Aufkirchen steht scheinbar verloren eine fünf Meter hohe »Pyramide«. Eigentlich ist das Bauwerk ein Obelisk, bekannt geworden ist es aber als »Basispyramide«. Die Inschrift verkündet in Deutsch: »Ende der zwischen München und Aufkirchen im Jahre 1801 gemessenen Grundlinie«. In Lateinisch wird mitgeteilt, dass diese Messung im Auftrag des bayerischen Kurfürsten Max IV. Joseph (1799–1825, ab 1806 König von Bayern) erfolgte. Hinter dem eher unscheinbaren Baukörper verbirgt sich eine Pioniertat der Landesvermessung, die Bayern zum ersten exakt vermessenen Land Europas machte. Zwar hatte es Vermessungen von Land und Ländereien schon seit dem Mittelalter immer wieder gegeben, die danach gefertigten Karten waren aber sehr ungenau.

Interesse an Vermessungen zeigten von jeher Militär- und Finanzbehörden. Einerseits war die Kenntnis des Geländeverlaufs für strategische Fragen von Bedeutung, andererseits war die Grundstücksvermessung Voraussetzung für die Erhebung von Steuern. Um 1800 rückten diese Interessen wieder stark in den Vordergrund.

Napoleon hatte mit seinen französischen Truppen Bayern besetzt. Der Friedensvertrag von Lunéville 1801 brachte die Annäherung, vier Jahre später war Bayern Bündnispartner des Korsen. Der Krieg und die Säkularisation hatten zu erheblichen territorialen Veränderungen geführt, von denen Bayern in besonderem Maße profitierte. Franken, Schwaben, reichsfreie Städte und ehemalige geistliche Territorien wurden dem Kurfürstentum einverleibt. Die Bestätigung der neu gewonnenen Bedeutung gipfelte in der Erhebung Bayerns zum Königreich 1806.

Gleichzeitig benötigte man für den staatlichen Umbau und für Reformen viel Geld und das sollte aus Grund- und Gebäudesteuern fließen. Bislang gab es 114 (!) verschiedene Grundsteuerarten, die nun vereinheitlicht werden sollten. Voraussetzung hierfür war eine genaue Vermessung des Landes. Eine topographische Karte und eine Katastervermessung, also die Vermessung der einzelnen Grundstücke, mussten in Angriff genommen werden. Die Katastervermessung kam allerdings erst ab 1808 zustande. Zuvor ordnete die französische Generalität an, eine »astronomisch und

Eine »Pyramide« wies den Weg ins moderne Bayern.

geographisch richtige Karte« zu erstellen, um so den Bündnispartner »besser kennen zu lernen«. Eine Kommission von französischen und bayerischen Gelehrten wurde eingesetzt und 1801 das »Topographische Bureau« gegründet. Die erste Aufgabe war die Festlegung der Basislinie.

Als Bezugspunkte wurden zwei Kirchtürme gewählt: der Kirchturm von Aufkirchen und der nördliche Turm der Münchner Frauenkirche, der damit zum Nullpunkt im bayerischen Koordinatensystem bestimmt wurde. Die Wahl von Kirchtürmen war keine Frage von Frömmigkeit, sondern erfolgte aus rein praktischen Erwägungen: Man hatte freie Sicht von der einen zur anderen Kirchturmspitze. In Aufkirchen und in Unterföhring errichtete man die beiden so genannten Basispyramiden, die auf einer Linie zwischen den beiden Kirchtürmen liegen. Die Pyramidenform wurde gewählt, weil der massive Bau Wind und Wetter trotzte und die Pyramidenspitze exakt den Anfangs- bzw. Endpunkt anzeigte. Zwischen diesen beiden Pyramiden errichtete man Messstege, die in der Höhe verstellbar waren, um die Niveauunterschiede im Gelände auszugleichen. Auf diese Messstege wurden fünf Meter lange Messstangen gelegt. Die Strecke zwischen den Basispyramiden betrug über 21 Kilometer. Mit Kenntnis der Basislinie und mittels Winkelmessungen konnte ein weiterer markanter Punkt und seine Entfernung bestimmt werden. Der Punkt, meist ein Turm oder eine Bergspitze, musste von den beiden Endpunkten der Basislinie aus gesehen werden können. Die Verbindungslinien zwischen diesen drei Punkten bildeten ein Dreieck, dessen Ausmaße sich mathematisch berechnen ließen.

Von diesem Dreieck aus konnten weitere Dreiecke gezogen werden. Ganz Bayern wurde so mit einem »virtuellen« Netz von Dreiecken überzogen. Die französischen Ingenieursoldaten nahmen ihre Berechnungen sehr genau vor. Mit heutigen computergestützten Messungen wurde festgestellt, dass die Abweichungen der vergleichsweise primitiven Methode von 1801 nur 0,7 Meter beträgt.

Eva Strauß

Fundort: Zur Basispyramide von der Kirche in Aufkirchen in die Zehentstraße, Richtung Zehmerhof; die Straße wird zum Feldweg – rechts ist die Basispyramide bereits zu sehen.

Anfahrt: *Kfz:* Von Erding Richtung Oberding-Notzing zur Kirche von Aufkirchen. *ÖPNV:* Von Erding (S 6) nach Aufkirchen werktags Busse MVV 507.

55 Einst Schatzkammer der Bauern

Der Niederneuchinger Getreidekasten im Bauernhausmuseum Erding

Das Erdinger Freilichtmuseum bietet den Besuchern ein besonderes Schmuckstück, den reich verzierten Getreidekasten aus Niederneuching.

Getreidekästen gehörten früher ganz selbstverständlich zu einem Bauernhof in Oberbayern. Im Gegensatz dazu besaßen Gehöfte in Franken kein eigenes Gebäude für die Lagerung des gedroschenen Getreides. Dort wurde das kostbare Erntegut im Dachboden des bäuerlichen Wohnhauses aufbewahrt.

Vor einigen Jahren wurde der Getreidekasten aus Niederneuching ins Freilichtmuseum Erding versetzt. Er ist über 420 Jahre alt, gilt wegen seiner reichen Bauzier als einer der schönsten seiner Art und hat überdies – sprichwörtlich – eine bewegte Geschichte.

Der »Troadkasten« stand früher auf dem Hof des »Greindlbauern« in Niederneuching, einer etwa zwölf Kilometer südwestlich von Erding gelegenen Ortschaft zwischen Landshut und München. Der Greindlhof zählte zu den größten Höfen im Dorf. Sieben Pferde, zwei Fohlen, elf Milchkühe, zahlreiche Kälber, einen Stier und vier Schafe besaß die Greindlbäuerin Maria Baumann, als sie 1774 starb. Noch rund 100 Jahre später belief sich der stattliche Grundbesitz an Feldern, Wiesen und Wald auf über 50 Hektar. Zu Beginn des 20. Jahrhunderts hatte der damalige Hofbesitzer keine Verwendung mehr für den Kasten und wollte ihn abbrechen. Denkmalschützer wussten schon damals um die herausragende Bedeutung des Bauwerks und so bemühte man sich mit allen Mitteln um dessen Rettung. Einige wollten ihn in den Erdinger Stadtpark umsetzen, andere im Deutschen Museum in München wieder aufbauen. Die Pläne scheiterten jedoch aus Kosten- und Platzgründen. Zunächst wurde der Kasten 1923 notgedrungen auf das Gelände der Landesanstalt für Tierzucht in Grub bei Poing im Landkreis Ebersberg versetzt. 1986 wurde das Gebäude im neu gegründeten Freilichtmuseum des Landkreises Erding aufgebaut.

Der Niederneuchinger Getreidekasten ist – so eine Inschrift – 1581 in Blockbauweise errichtet worden, also mit waagerecht übereinander gelegten Hölzern. Er besteht aus zwei Geschossen mit insgesamt vier Kammern. Ursprünglich war sein nach allen

Einer der schönsten und ältesten Getreidekästen in ganz Oberbayern

Seiten abgewalmtes Dach strohgedeckt. Erst im 19. Jahrhundert erhielt es eine Deckung mit Flachziegeln (Biberschwanzdeckung). Beide Geschosse weisen überdachte Laubengänge auf, in denen Feldfrüchte getrocknet werden konnten. Aus Verzeichnissen ist bekannt, dass auch landwirtschaftliche Geräte, Handwerkszeug, Pferdegeschirr und Hausrat in dem Kasten lagerten. Aber erst die Aufbewahrung des lebensnotwendigen Getreides machte ihn zur Schatzkammer der Bauern. Der Wert spiegelt sich in der reichhaltigen Bauornamentik wider. Auch der Niederneuchinger Getreidekasten ist vor allem im Bereich der Türen aufwendig gestaltet. Mit dem Zirkel geschlagene Schlingenbänder sind in das Holz eingeritzt. Ein Storch wird dargestellt, der eine Schlange, das Sinnbild des Bösen, im Schnabel hält und wohl Unheil vom Gebäude abwenden sollte. Die Türstürze sind mit Kielbögen (»Eselsrücken«) dekoriert. Alle Zierformen waren früher deutlich farbig abgesetzt. Reste von Rußschwarz, Rötel, Weiß und Ocker sind noch heute zu sehen. Die erhaltenen eichenen Kastenschlösser und schmiedeeisernen Beschläge an den Türen verweisen darauf, wie wichtig es war, den Getreidespeicher zu sichern. Mit der Modernisierung der Landwirtschaft haben solche Speicher ihre ursprüngliche Funktion verloren.

Herbert May

Fundort: Der Getreidekasten steht im Bauernhausmuseum Erding, Taufkirchener Straße 24, geöffnet Karsamstag bis Allerheiligen Sa, So, Fei 10.00–17.00, ganzjährig Fr 14.00–18.00 (Bauernmarkt auf dem Museumsgelände), Tel. 0 81 22/5 82 51 oder 9 33 20.

Anfahrt: *Kfz:* Das Bauernhausmuseum liegt an der B 388 Richtung Taufkirchen, es ist das letzte Anwesen vor dem Ortsende Erdings. *ÖPNV:* S-Bahnhof Erding, MVV Bus 530 oder 540 (Haltestelle vor dem Museum).

56 Maria Pettenbeck statt Maria Stuart
Wer waren die Grafen von Wartenberg?

Der Nikolaiberg in Wartenberg bietet einen weiten Blick über das flache Erdinger Land. Neben der Nikolaikirche, einer ehemaligen Burgkapelle, verweist eine Gedenksäule, die König Maximilian II. 1855 errichten ließ, auf die Bedeutung Wartenbergs für die Geschichte der Wittelsbacher.

Otto von Wittelsbach, der 1180 als treuer Gefolgsmann des Stauferkaisers Friedrich I. Barbarossa das Herzogtum Bayern zum Lehen erhielt, bezeichnete sich in Urkunden auch als »Graf von Wartenberg«. Sein Vater hatte im 12. Jahrhundert hier eine Burg errichten lassen.

Der Sohn Ottos, Ludwig, genannt »der Kelheimer«, verbrachte seine Kindheit in Wartenberg, verlegte dann aber 1204 die Residenz in die günstiger gelegene Burg Trausnitz in Landshut. Damit sank die Wartenberger Burg zur Bedeutungslosigkeit herab. Die Wittelsbacher verschenkten sie 1373 an die Dorfbewohner, die nun die Burg abtrugen, um Baumaterial zu gewinnen. Das Schicksal der Burg und ihres Namens schien besiegelt – bis 1602 das Wartenberger Grafengeschlecht erneut aus der Taufe gehoben wurde.

1550 wurde der Wittelsbacher Herzog Ferdinand geboren. Die Erbfolge sah seinen älteren Bruder Wilhelm (»der Fromme«) als zukünftigen Herrscher vor. Für Ferdinand war der geistliche Stand vorgesehen. Da er dazu wenig Neigung zeigte, wurde ihm eine weltliche Ausbildung zuteil. Ferdinand war ein lebensfroher Mensch. Er liebte die Jagd und schlug als junger Mann wohl kräftig über die Stränge. Jedenfalls musste er sich schriftlich bei seinem Vater entschuldigen, weil er verbotenerweise die Neuveste (Residenz) nachts und allein verlassen hatte ... Auch später pflegte er einen sehr luxuriösen Lebensstil und gab das Geld mit vollen Händen aus. Heiraten sollte und wollte er. Aber eine Kandidatin, eine badische Gräfin, die seine Cousine war, durfte er aus verwandtschaftlichen, dynastischen und machtpolitischen Erwägungen nicht ehelichen.

Stattdessen verfiel man am Hofe auf die Idee, Ferdinand mit der im Gefängnis sitzenden Maria Stuart zu vermählen. Es wurden sogar Beziehungen zum spanischen Hofe aufgenommen mit dem Ziel, die Freilassung der Schottin zu erreichen. Aber das überspannte Projekt zerschlug sich. 1588, Ferdinand war bereits

Otto IV. von Braunschweig 19
Otto VII. von Andechs-Meranien 18
Otto VIII. 18ff
Otto von Wittelsbach 18, 180
Parsberg 49
Partnach 107ff
Pascolini, Familie 12f
Pauli, Kiem 60
Peißenberg 122
Pertenstein 159ff
Petersberg (Lkr. Dachau) 15ff, 130
Petersberg (Lkr. Rosenheim) 134ff
Petersbrunn 85
Pettenbeck, Maria 180ff
Pfaffenhofen 21
Pföderl, Jagdgehilfe 122ff
Philipp von Schwaben 18f
Pilgrim, Hubertus von 79
Planegg 58ff, 79, 82
Preysing-Hohenaschau, Graf von 82ff
Probst, Joseph 168f
Prochorow, Timofej 52ff
Puch 43ff
Quirin, Heiliger 119ff

R–Z

Rambaldi, Graf von 38
Regensburg 32, 147, 149
Reichenhall 156ff
Reiffenstuel, Familie 156ff
Renner, Carl-Oskar 137
Rinser, Luise 70ff
Rosenheim 56
Roseninsel 91ff
Rottau 153ff
Sachrang 137ff
Scheyern, Grafen von 18, 128ff
Schliersee-Westenhofen 122
Schönberg 85
Schönborn, Lothar Franz v. 132
Schongau 67ff
Schuhmann, Georg 140ff
Sendling 116, 118
St. Bartholomä 150ff
St. Margarethen 131ff
St. Quirin 119ff
Stein an der Traun 162ff
Stein, Heinz von 162, 164
Sulzemoos 12
Theoto, Herzog 147
Therese von Bayern, Königin 144
Thöny, Eduard 75
Tilly, Graf von 30, 32
Törring zum Stein, Familie von 159
Traunstein 156ff
Unterföhring 176
Unterpfaffenhofen 49
Unterweikertshofen 12ff
Valentin, Karl 58ff
Viktor, Heiliger 135f
Waakirchen 79, 116ff
Waldsassen 132
Wartenberg, Grafen von 180ff
Weiss, Anna 67ff
Werdenfels 103f, 106, 107
Werefkin, Marianne von 100
Wessobrunn 70ff, 95
Wilhelm, Herzog 182
Wilhelm III., Herzog 61
Wolnzach 24ff
Ziebland, Georg Friedrich 145
Zimmermann, Dominikus 131

Herluca 94ff
Hermann, Joseph 56
Herrsching 76ff
Hohenester, Amalie 36ff
Hohenlinden 171ff
Hohenwaldeck 125ff
Holzhausen 73ff
Huber, Peter 137ff
Hübner, Lorenz 162

I–O

Immler, Joseph Anton 15
Indersdorf 19
Ingolstadt 30ff
Jawlensky, Alexej von 100
Jennerwein, Georg 122ff
Johann, Erzherzog 171
Johannes XXII., Papst 46ff
Kandinsky, Wassily 100
Karl IV., König 48
Karl VII., Kaiser (= Karl Albrecht, Kurfürst) 48, 82
Karl Theodor, Kurfürst 27
Karlsberg 85, 87
Karlskron 27
Karstadt, Liesl 58
Kastl, Hermann Graf von 128
Kleiner Madron 134ff
Kleinhelfendorf 147ff
Kleinhohenried 28f
Kneißl, Mathias 12ff
Kolbermoor 140ff
Lahn, Alois 140, 142
Landsberg am Lech 61ff
Landshut 110f
Lanz, Johann Jakob 27
Lenggries 110ff
Leutstetten 85ff
Ludovica 36
Ludwig I., Herzog 20
Ludwig I., König 65, 144
Ludwig II., König 88ff, 93
Ludwig IV., Kaiser (= Ludwig von Wittelsbach, Herzog) 46ff
Luitpold, Prinzregent 14, 73, 88, 90
Lutz, Johann von 88
Maria Stuart 180
Mariabrunn 36ff
Max I. Joseph, König (= Max IV. Joseph, Kurfürst) 36, 46, 174
Max III. Joseph, Kurfürst 182
Maximilian I., Kurfürst 30, 32, 44, 156, 159
Maximilian II. Emanuel, Kurfürst 82, 116
Maximilian II., König 88, 91, 93, 180
Mayr, Balthasar 117f
Metzenried 21
Mühldorf 168
München 52ff, 55ff, 60, 73, 75, 82ff, 101, 111, 118, 149, 165, 176, 177, 182
Münter, Gabriele 100ff
Murnau 97ff, 100ff
Napoleon 171, 174
Neuhäusler, Johannes 17
Neumann, Johann Balthasar 131
Neuschwanstein 88
Niederneuching 177
Nikolaus V., Papst 47f
Oberwittelsbach 18ff
Ostermair, Bartholomäus 21ff
Ota 147
Otto I., König 144